GESTÃO DO RH
4.0

Digital, humano e disruptivo

COORDENAÇÃO EDITORIAL
Francisco de Assis
das Neves Mendes

GESTÃO DO RH 4.0

Digital, humano e disruptivo

Literare Books
INTERNATIONAL
BRASIL · EUROPA · USA · JAPÃO

© LITERARE BOOKS INTERNATIONAL LTDA, 2021.
Todos os direitos desta edição são reservados à Literare Books International Ltda.

PRESIDENTE
Mauricio Sita

VICE-PRESIDENTE
Alessandra Ksenhuck

DIRETORA EXECUTIVA
Julyana Rosa

DIRETORA DE PROJETOS
Gleide Santos

RELACIONAMENTO COM O CLIENTE
Claudia Pires

EDITOR
Enrico Giglio de Oliveira

REVISORES
Tarik Alexandre e Samuri Prezzi

CAPA
Gabriel Uchima

DESIGNER EDITORIAL
Victor Prado

IMPRESSÃO
Vox Gráfica

Dados Internacionais de Catalogação na Publicação (CIP)
(eDOC BRASIL, Belo Horizonte/MG)

G393   Gestão do RH 4.0: digital, humano e disruptivo / Coordenação
Francisco de Assis. – São Paulo, SP: Literare Books
International, 2021.
144 p. : il. ; 14 x 21 cm

Inclui bibliografia
ISBN 978-65-5922-138-7

1. Administração de pessoal. 2. Recursos humanos. 3. Relações
de trabalho. 4. Corporativismo. I. Assis, Francisco de.
CDD 658.3

Elaborado por Maurício Amormino Júnior – CRB6/2422

LITERARE BOOKS INTERNATIONAL LTDA.
Rua Antônio Augusto Covello, 472
Vila Mariana — São Paulo, SP. CEP 01550-060
+55 11 2659-0968 | www.literarebooks.com.br
contato@literarebooks.com.br

SUMÁRIO

7   PREFÁCIO
Kátia Andrade Barroncas

9   ATRAÇÃO E SELEÇÃO DE TALENTOS COMO PRINCIPAL FATOR
PARA A ALTA PERFORMANCE ORGANIZACIONAL
Aristella Lemos

19   INFLUÊNCIA DO RH 4.0 NO TRABALHO *HOME OFFICE*
Fernando Nunes

27   GESTÃO DO RH 4.0: REPENSANDO A GESTÃO DE RH
NA TRANSFORMAÇÃO DIGITAL
Francisco de Assis das Neves Mendes

35   SÍNDROME DE *BURNOUT*: O DESAFIO DO RH FRENTE
À SAÚDE MENTAL NAS RELAÇÕES DE TRABALHO
Jânia Correia

45   APRENDIZAGEM E OBJETIVOS ORGANIZACIONAIS:
CRIANDO PROGRAMAS DE TREINAMENTO E DESENVOLVIMENTO
(T&D) QUE ALAVANCAM RESULTADOS
Joana Maciel

55   COM A REVOLUÇÃO 4.0, SURGE UM NOVO CONCEITO
DE LIDERANÇA
José Wagner Nogueira Jr.

65   COMUNICAÇÃO COLABORATIVA: CONSTRUINDO ENGAJAMENTO
Juliana Polloni

73 A LIDERANÇA ÁGIL
Karina Papa

83 A FORMAÇÃO DO PROFISSIONAL DE RECRUTAMENTO
E SELEÇÃO NA GESTÃO DE RH 4.0
Luana Grigoleti Rocha

91 A INFLUÊNCIA DA LIDERANÇA SOBRE A MOTIVAÇÃO
DE SEUS COLABORADORES
Marilia Nunes de Souza Olímpio

101 GESTÃO DE PESSOAS E A NEONORMALIDADE
Mauricio Chiesa Carvalho

111 COMO REFORÇAR VALORES NAS ORGANIZAÇÕES
Pâmela Gabrielle Borges

119 GESTÃO DAS EMOÇÕES NA ERA DO RH 4.0
Regiane Bezerra Simões Cruz

127 COMO CONSTRUIR E MANTER TIMES BRILHANTES
Rita Sbragia

137 RH 4.0 DESCOMPLICADO
Sônia Padilha

PREFÁCIO

A necessidade de aumento de produtividade, redução de custos operacionais e alto nível de customização dos produtos fabricados e serviços oferecidos, têm levado as organizações a adotarem cada vez mais a automatização de processos e o uso da inteligência artificial para ganhar competitividade em um cenário altamente instável e desafiador. Quando vários especialistas começaram a falar e a escrever que a revolução digital iria alterar profundamente a maneira como vivemos, trabalhamos e nos relacionamos, parecia que era algo muito distante de nós, ou que demoraria um bom tempo para fazer parte da nossa vida real.

E lá estávamos planejando o futuro até que, no início de 2020, fomos surpreendidos pela pandemia do COVID-19, e todos os planos estratégicos para nos adequarmos ao mundo digital precisaram ser acelerados e implementados. Foi nesse contexto que se percebeu, de forma muito clara, o quão importante é o Ser Humano nesse processo de transformação digital.

Esta obra aborda a Gestão de RH exatamente nesse novo cenário, a partir das novas competências exigidas, com a introdução de novos modelos de gestão de pessoas, de gestão do conhecimento e de gestão da cultura organizacional.

Os gestores têm o grande desafio e a grande oportunidade de remodelar processos e inovar, de forma disruptiva, a gestão de pessoas. Aproveitar todos os benefícios da tecnologia à serviço do ser humano, potencializando as suas contribuições singulares, para o fortalecimento e desenvolvimento da empresa, da comunidade e da sociedade em geral.

Esta é a grande contribuição deste livro. *Gestão do RH 4.0 – digital, humano e disruptivo*, organizado por Francisco de Assis, profissional com grande experiência teórica e prática no tema, que, em conjunto com todos os demais autores, nos presenteia com um relato leve, de leitura agradável e de fácil compreensão. Um material valioso para todos os gestores, sobretudo para aqueles que têm a responsabilidade de ajudar nessa retomada no novo normal.

Kátia Andrade Barroncas
Doutora em Gestão da Inovação em Biotecnologia – UFAM
Presidente da Associação Brasileira de Recursos Humanos – Amazonas
Diretora Administrativa da Companhia Amazonense de
Desenvolvimento e Mobilização de Ativos S/A – CADA

1

ATRAÇÃO E SELEÇÃO DE TALENTOS COMO PRINCIPAL FATOR PARA A ALTA PERFORMANCE ORGANIZACIONAL

Neste capítulo, iremos falar sobre como realizar a atração e seleção de talentos humanos, bem como a importância de contratar colaboradores de alta performance para o sucesso organizacional e assim promover o bem-estar e alcançar os resultados esperados pelas organizações.

ARISTELLA LEMOS

Aristella Lemos

Psicóloga, mestra em Gestão de Recursos Humanos; especialista em Avaliação Psicológica e em Desenvolvimento Humano e Psicologia Positiva. Formações em Gamificação, Atração e Seleção de Talentos e People Analytics; escritora; palestrante; consultora organizacional e de desenvolvimento humano de empresas de diversos portes e segmentos. Professora de MBAs e Especializações. Idealizadora da empresa Desenvolvendo Talentos. Tem como propósito e *expertise* o comportamento humano e desenvolvimento de talentos nas organizações.

Contatos
psi.desenvolvendotalentos@gmail.com
LinkedIn:aristellalemos
@desenvolventotalentos
82 98878-4623

Descobri o sentido da minha vida identificando, despertando,
desenvolvendo e potencializando os talentos humanos.

Aristella Lemos

Diante do crescente processo de globalização mundial e das grandes mudanças proporcionadas pela Indústria 4.0, surge o RH 4.0: o gestor de pessoas muda seu papel de gestor do capital humano e se transforma em conector do negócio e dos talentos da empresa.

O gestor de pessoas 4.0 é o responsável por atrair os melhores talentos, aumentar o engajamento dos colaboradores, proporcionar a inovação, saber lidar com a inteligência artificial, ter agilidade, garantir a ética nos processos e, claro, tudo isso sempre alinhado com a cultura organizacional. Para isso, as novas contratações são totalmente baseadas no *fit* cultural, para que as empresas consigam selecionar talentos que tenham as *soft* e *hard skills* alinhadas para alcançar o high potential.

Soft skills são as habilidades comportamentais. *Soft* é um termo da língua inglesa que significa "suave". Contudo, será que é tão fácil ou suave desenvolver as habilidades comportamentais? Eu diria que não. Imagine uma pessoa que não consegue gerenciar bem suas emoções e que se mostra vulnerável a todo e qualquer impasse que ocorre na vida. Essa pessoa precisa trabalhar suas emoções, desenvolver o autoconhecimento e mudar sua postura diante das adversidades. Isso exige tempo, mas a boa notícia que é possível desenvolver essas competências.

Por outro lado, as *hard skills* são as habilidades técnicas. Embora *hard* signifique "difícil", em minha opinião essa não é a parte mais desafiadora. Se você precisa aprender Excel, um curso de algumas horas – ou semanas, em casos avançados – é o suficiente para que você consiga construir planilhas.

Desejo apresentar os passos para uma contratação de sucesso. Antes de mais nada, o que temos que fazer para ter assertividade nas seleções é o Job Description – de acordo como filósofo alemão Immanuel Kant, "quem não sabe o que busca, não identifica o que acha". A descrição das atividades é um mapa para a gestão de pessoas. É necessário saber qual é a missão de cada cargo na empresa. Quando contratamos alguém, precisamos mostrar para ele no *onboarding* quais são as expectativas da empresa, as *hard* e *soft skills* que precisam ser desenvolvidas para se alcançar os resultados e metas esperadas.

O segundo passo é atrair talentos. É preciso antecipar os processos seletivos – não espere uma vaga em aberto para que ela seja anunciada. Procure ter um banco de talentos atualizado. Assim, quando as vagas surgirem, você já vai ter os profissionais avaliados e dentro do *fit* cultural, com tempo adequado para realizar a seleção. As chances de você ter sucesso neste processo são muito maiores. Não queira ser o profissional que "apaga incêndios" da empresa.

O terceiro passo é a seleção destes profissionais. No quadro abaixo, apresento um esquema sobre como realizar os processos seletivos – em mais de uma década de atuação, esse modelo tem alto índice de sucesso nas seleções de talentos.

Elaborado pela autora (2020).

- **Primeira etapa:** consiste na triagem dos currículos. Podemos verificar se os candidatos possuem as *hard skills* fundamentais para o cargo que estamos contratando. Há vários *softwares* que podem lhe ajudar, tais como: Gupy, Solides e Taqe para que você ganhe tempo e seja mais eficiente na escolha.
- **Segunda etapa:** a entrevista ou prova técnica é o momento de saber se o que o candidato colocou no currículo está de acordo com suas competências técnicas – os *softwares* citados acima também podem realizar esta fase.

- **Terceira etapa:** é o momento de colocar o candidato para resolver problemas, afinal, eles serão contratados para isso. Portanto, explore uma situação comum que acontecerá no dia a dia do profissional e avalie qual seu desempenho na situação.
- **Quarta etapa:** identificar se as crenças, valores e comportamentos estão alinhados com a cultura da empresa. Nesse momento, realize uma entrevista por competências e lembre-se sempre de fazer as mesmas perguntas para todos os candidatos. Assim, você poderá estabelecer um ranking entre eles.
- **Quinta etapa:** são aplicadas as avaliações comportamentais e cognitivas. Dispomos de várias delas no mercado, tais como DISC, Teste da Dominância Cerebral e MBTI. Estas ferramentas não são restritas a psicólogos. Caso você não tenha domínio, contrate uma consultoria com um(a) psicólogo(a) para realizar esta etapa. Os testes que eu indico são: Humanguide, Neopi-R, Neoffi-R, Teste Palográfico, BFP, entre outros. Avalie sempre qual o perfil comportamental e motivacional dos seus colaboradores. Também identifique os níveis de atenção e capacidade de raciocínio lógico. Esta etapa é fundamental para que você consiga compreender melhor os indivíduos e, assim, consiga ter uma tomada de decisão mais assertiva.
- **Sexta etapa:** é a entrevista invertida. Esse momento é essencial para que você saiba o que o candidato busca com a nova oportunidade na empresa. Não pense que só a empresa escolhe o talento – as pessoas têm todo direito de escolherem onde passar a maior parte do dia e de suas vidas. É nesta etapa que se destaca o *Employer Branding*, pois a empresa que tem uma imagem positiva tanto entre os próprios colaboradores como no mercado em geral, possui muito mais chances de atrair e engajar os melhores talentos.
- **Sétima e última etapa:** é a entrevista com os gestores. É a hora da tomada de decisão. É preciso se aprofundar nos resultados obtidos durante todo o processo seletivo e escolher o melhor talento para sua empresa.

Passado o período do *Acquisition Talent*, é o momento de engajar esse colaborador a fim de fazer com que ele demonstre sua alta performance. É importante lembrar que, através do RH 4.0 e as inúmeras inovações tecnológicas – como a automatização de processos e funções –, o nosso papel é agregar valor estratégico em nossas atribuições profissionais e, para isso, é fundamental focar no bem-estar dos colaboradores para promover resultados efetivos para a empresa.

Pode-se observar várias transformações no mercado de trabalho e, entre elas, o aumento significativo do interesse das empresas sobre as relações de trabalho e seus desencadeamentos nos indivíduos e no ambiente laboral – principalmente sobre as condições laborais na saúde, no bem-estar e no engajamento dos colaboradores e, em consequência, no funcionamento e na efetividade dos resultados organizacionais.

Nada mais contemporâneo do que buscar atividades profissionais que tragam bem-estar e realização pessoal, principalmente na atual conjuntura do mercado de trabalho: a cada dia, é exigido do colaborador uma performance cada vez mais alta, bem como aumento da produtividade e desempenho. Os profissionais que trabalham engajados atuam com mais eficiência e eficácia diante das demandas e os recursos de trabalho, sentindo-se mais satisfeitos e revigorados, justamente por se sentirem felizes com as atividades que realizam profissionalmente.

O psicólogo americano Martin Seligman, psicólogo, professor da Universidade da Pensilvânia e presidente da American Psycological Association (APA), indagou-se a respeito da tendência da ciência psicológica em focar seus estudos nas doenças, nos aspectos disfuncionais, desconsiderando aspectos positivos do desenvolvimento. A partir desse período seus estudos começaram a ser divulgados em todas as partes do mundo. Para a realização de suas pesquisas, recebeu apoio de importantes agências de fomento como o National Institute of Mental Health, National Science Foundation, Templeton Foundation, Robert Wood Johnson Foundation, Atlantic Philanthropies e MacArthur Foundation.

O movimento batizado de Psicologia Positiva surgiu oficialmente nos Estados Unidos, em 1997/1998, a partir da iniciativa de Seligman que, com outros pesquisadores, começou a desenvolver pesquisas quantitativas cuja finalidade é resgatar o interesse sobre os aspectos positivos da vida e do ser humano. Aproximadamente 15 artigos foram publicados na coluna presidencial da APA sobre a necessidade de mudança no foco das contribuições da Psicologia, esta que, antes da Segunda Guerra Mundial, tinha três missões: curar doenças mentais, tornar a vida das pessoas mais produtivas e cheias de satisfação e identificar e desenvolver talentos. Entretanto, logo após a guerra, os esforços da Psicologia se voltaram para o tratamento das doenças mentais e transtornos psicológicos, bem como a identificação e desenvolvimento de talentos.

Diante disso, a intenção da Psicologia Positiva é resgatar o foco em relação aos aspectos positivos da vida e do ser humano. De acordo com Seligman (2019), a psicologia não pode ser apenas o estudo das fraquezas e do dano ou reparar o que está errado, mas, ainda, identificar e fortalecer as qualidades e as virtudes humanas e assim prevenir as patologias e dos danos.

Corrêa (2016) define a Psicologia Positiva como um segmento da psicologia que foca absolutamente no estudo científico e na comprovação empírica de ações que possibilitem identificar, medir, maximizar e melhorar as qualidades dos seres humanos, incluindo-se as virtudes, forças de caráter, talentos, resiliência, autoeficácia, otimismo, entre tantas outras, de forma a permitir que suas vidas sejam mais felizes, plenas e significativas.

De acordo com o Seligman (2019), o objetivo principal da Psicologia Positiva é buscar nas vivências e experiências dos indivíduos aspectos positivos que lhes ajudem a ter maior qualidade de vida, bem como a entender e lidar melhor com suas emoções, se relacionar mais positivamente com as pessoas ao seu redor e a observar sua história, suas forças e qualidades sob uma perspectiva mais otimista também.

De acordo com Vazquez e Hutz (2018), o engajamento no trabalho pode ser definido como um estado psicológico experiencial que atua como mediador do impacto entre as exigências laborais e recursos do trabalhador (de trabalho e pessoais) aplicados para alcançar meta de desempenho.

Diante dessa necessidade de manter os colaboradores mais engajados e, consequentemente, mais produtivos, a Gallup realizou um estudo durante 40 anos e, com os resultados, identificou a linguagem dos 34 talentos mais comuns entre os indivíduos. Esse estudo teve como objetivo identificar o que há de positivo em nós e, assim, facilitar o reconhecimento de talentos e pontos fortes.

Para Rath (2019), aqueles que contam com a oportunidade de se concentrar em seus pontos fortes têm mais probabilidade de se comprometer com o trabalho e mais qualidade de vida. Essa pesquisa identificou que as pessoas que trabalham dentro das esferas dos seus pontos fortes têm uma tendência de ser 99% mais interessadas no trabalho que desempenham e, consequentemente, também possuem muito mais chances de alcançar o bem-estar e a tão desejada alta performance.

Depois desses dados de extrema importância para a área de gestão de pessoas, eu e minhas sócias Kelly Andrade e Maíra Nogueira, também psicólogas e consultoras organizacionais, resolvemos pesquisar sobre o que os gestores e líderes entendem como talentos para alta performance profissional e os mais citados foram:

- Liderança
- Inteligência emocional

- Realizações
- Visão estratégica

Esta pesquisa, realizada em meados de 2020, foi de grande valia para nossa atuação, pois serviu como fonte de informações para criamos o *Talent Game*, um jogo inovador, divertido e eficaz para o desenvolvimento humano nas organizações, que tem como objetivo desenvolver e potencializar os talentos visando alcançar alta performance em suas atribuições laborais e, como consequência, elevar os resultados.

Dentre as quatro grandes áreas de talentos (Liderança, Inteligência Emocional, Realizações e Visão Estratégica) destrinchamos em mais seis subtemas voltados a essas grandes áreas de talentos. No quadro abaixo, trago essa informação.

INTELIGÊNCIA EMOCIONAL	LIDERANÇA	REALIZAÇÕES	VISÃO ESTRATÉGICA
Empatia	Autoliderança	Comprometimento	Foco em Resultado
Relacionamento Interpessoal	Gestão de Tempo	Iniciativa	Planejamento
Resiliência	Influência	Visão 360°	Inteligência de Mercado
Automotivação	Delegação	Empreendedorismo	Core Business
Autoconhecimento	Gestão de Conflitos	Aprendizado Continuo	Eficiência
Comunicação	Integridade	Propósito	Design Thinking

Quadro 1. *Talent Game* (2020), elaboração da autora.

De acordo com o quadro acima, conseguimos compilar os principais talentos exigidos pelo mercado de trabalho – visando atingir a alta performance, com o *Talent Game*, você consegue identificar, enxergar, desenvolver e potencializar os talentos dos seus profissionais.

O profissional RH na era 4.0 tem como responsabilidade o desenvolvimento organizacional, a gestão da mudança, ser fonte de inovação

16 | Gestão do RH 4.0

por meio do planejamento da força de trabalho, visando à melhoria contínua e à gestão de talentos das unidades de negócios.

Em suma, este capítulo teve como objetivo mostrar os passos para realização de uma seleção de talentos com assertividade, considerando as *hard* e *soft skills* e o *fit* cultural. A psicologia positiva é uma ciência provedora de bem-estar e fonte de engajamento dos talentos nas organizações. Cabe a você identificar quais são as competências necessárias para um profissional ter um bom desempenho em sua empresa e encontrar aqueles que mais se encaixam com essas características por meio do cruzamento das informações. Estimular o *flow*, ou seja, alinhar as habilidades dos colaboradores e com os desafios a eles propostos, bem como alocar os profissionais certos para as atribuições nas quais eles tenham competências. Assim, o resultado final será uma melhor produtividade, maior desempenho das equipes e aumento do engajamento dos talentos na organização.

Referências

PEREZ, Andréa. *Psicologia Positiva: teoria e prática*. São Paulo: Editora Leader, 2016.

RATH, Tom. *Descubra seus pontos fortes 2.0*. Rio de Janeiro: Editora Sextante,2019.

SELIGMAN, Martin. *Florescer: uma nova compreensão da felicidade e do bem-estar.*Rio de Janeiro: Editora Objetiva, 2019.

VAZQUEZ, Ana Claudia Souza; HUTZ, Claudio Simon. *Aplicações da Psicologia Positiva: trabalho e organizações*. São Paulo: Editora Hografe, 2018.

2

INFLUÊNCIA DO RH 4.0 NO TRABALHO *HOME OFFICE*

Este capítulo traça uma linha do tempo desde a Revolução Industrial à contemporaneidade, bem como a relação das inovações tecnológicas com a área de Recursos Humanos. Foi de grande importância entender o RH 4.0 para a vivência no ano de 2020 em *home office*. Sem planejamento, as empresas tiveram a necessidade de enviar seus funcionários para trabalharem em suas residências e, consequentemente, a área de Recursos Humanos foi protagonista.

FERNANDO NUNES

Fernando Nunes

CEO e Sócio Fundador da Gluck Consulting, headhunter para C-Level, palestrante, mentor e *coach* empresarial e profissional. Graduado em Direito e Administração de Empresas com ênfase em Recursos Humanos. Iniciou a carreira em Recursos Humanos no ano de 2000, passando por grandes empresas como Rayovac, Panalpina, Schneider Electric e Syngenta. Em 2011, visualizou a necessidade no mercado por uma consultoria que atendesse na íntegra as demandas de recrutamento e seleção para o segmento de logística, comércio exterior e *supply chain*, criou a Gluck Consulting para atuar com grande diferencial e qualidade, tornando-se uma multinacional Brasileira com escritórios no Brasil e Estados Unidos. Representa uma associação internacional de consultores em RH com base na Suíça e referência nacional no segmento de atuação. Gluck Consulting é uma consultoria que, atualmente, atende empresas de todos os portes e auxilia seus clientes com todos os processos de Recursos Humanos.

Contatos
fernando.nunes@gluckconsultoria.com.br
www.gluckconsultoria.com.br
www.linkedin.com/in/fernandonunesferreira
www.linkedin.com/company/gluckconsulting
@fernando.nunes.consulting

Para introduzir o assunto, quero convidar você a conhecer um pouco da história. Faremos uma pequena viagem na origem deste tema – as pessoas que me conhecem sabem que meu propósito, além de ajudar as pessoas na área profissional, é ser desafiado a pesquisar e me aprofundar em assuntos novos. A história é a base do conhecimento. Passaremos por todas as revoluções industriais, as quais foram importantes para o surgimento da área de Recursos Humanos, até chegarmos no Home Office e as implicações do RH 4.0, uma necessidade causada pela pandemia iniciada no ano de 2020. O que conhecemos como "revolução" são períodos que marcaram história com mudança no sistema econômico mundial, afetaram as relações de trabalho e cotidiano das pessoas, com aplicações sem precedentes e que não voltaram ao modelo anterior.

- **1ª Revolução Industrial:** conhecida como revolução mecânica, iniciou na Europa por volta de 1760, período que marcou a transição do sistema feudal para o sistema capitalista, onde os trabalhos manuais e artesanais passaram a ter utilização de máquinas. Desta forma, otimizando o tempo para produção, os trabalhadores passaram a ter Divisão de Trabalho, surgindo as primeiras jornadas de carga horária com remuneração.
- **2ª Revolução Industrial:** corresponde à continuidade da revolução anterior, utilizando a eletricidade e motores à combustão. Iniciou por volta de 1850, trazendo aperfeiçoamento e aumento na produtividade, bem como expansão para outros Países e Continentes. É observado o surgimento de grandes empresas e a necessidade de uma divisão maior dos trabalhos – concomitantemente, há muita desvalorização da mão de obra, com grandes empresas fundando monopólios.
- **3ª Revolução Industrial:** iniciou com a utilização da ciência no campo tecnológico, trazendo a automação, por volta de 1950. Foi marcada pela passagem de utilização da tecnologia mecânica e

analógica para eletrônica e digital, pela utilização de computadores e dados digitalizados com alta tecnologia. Processos passaram a ser globalizados, com diminuição de tempo e distâncias. Criações de robôs para fazer trabalhos minuciosos e precisos, motivando a necessidade de profissionais capacitados para condução das máquinas e equipes de trabalho.

- **4ª Revolução Industrial:** considerado o período mais curto entre as revoluções, trazendo alta tecnologia para a automação. É considerado como conectividade de dados ou internet das coisas. Teve início por volta de 1990, com a globalização prestes a atingir seu ápice – dados e informações nas nuvens, possibilidade de se comunicar por meios nunca vistos antes e de fácil utilização, indústrias totalmente automatizadas sem interferência humana na produção. Há necessidade de profissionais altamente capacitados com competências e habilidades diferenciadas. Muitas atividades manuais e operacionais deixaram de existir, gerando grande impacto na empregabilidade, mas com carreiras e funções novas sendo criadas de forma acelerada.

Podemos identificar que cada período da revolução industrial foi uma evolução para a área de Recursos Humanos, que precisou se adaptar para manter as empresas atrativas e com processos organizados para o desenvolvimento das pessoas. Dessa forma, vamos entender um pouco sobre esta história antes de chegarmos no RH 4.0.

Recursos Humanos e sua história recente

Quando surgiu a necessidade de administrar pessoas, a área era conhecida como Departamento Pessoal, com profissionais responsáveis por processos burocráticos e repetitivos – folha de pagamento, legislação trabalhista, foco principal em números, profissional totalmente técnico. O contato com pessoas era somente para explicar sobre os direitos e deveres e, portanto, era considerada uma profissão de pouca importância para as empresas, sem contato e relacionamento com o business.

Com a terceira revolução industrial, a necessidade de profissionais mais capacitados para condução dos processos, máquinas e pessoas iniciou uma mudança na área de Departamento Pessoal. As empresas sentiram a necessidade de treinar e desenvolver as pessoas, bem como escutar os profissionais e responder de forma estruturada e fundamentada. Surge, concomitantemente, uma cobrança grande das classes trabalhistas organizadas para manter e desenvolver os funcionários, garantindo as necessidades de remuneração e segurança. É o momento em que surge o setor de Recursos Humanos, que significa cuidar das pessoas nas empresas e representa um pilar importante para sustentabilidade dos negócios.

Vamos entender também sobre *home office* e suas atribuições

A expressão *home office* é o termo usado para descrever o Escritório em Casa – quando um profissional utiliza um espaço em sua residência para montar uma base de trabalho. Apesar do destaque recente, tal atividade teve início já na terceira revolução industrial, por sua característica de contar com uma tecnologia muito bem desenvolvida para comunicação em tempo real. Esta modalidade de trabalho traz muitos benefícios aos profissionais: flexibilidade de horário, eliminação do tempo de deslocamento, proximidade da família, maior possibilidade para fazer atividades físicas, melhora na alimentação, entre outros benefícios que podem ser identificados conforme a necessidade de cada pessoa.

RH 4.0 e emprego da tecnologia

A tecnologia sempre foi um diferencial para a área de Recursos Humanos, tendo em vista a necessidade de controlar, armazenar e gerenciar informações de muitas pessoas ao mesmo tempo, fazer comparações e manter a empresa, gestores e órgãos externos com dados atualizados dos funcionários. Empresas com diferentes localizações, após a terceira revolução industrial, passaram a ter processos e procedimentos padronizados, com a disseminação de todas as informações via Recursos Humanos – o que tornou essa área imprescindível.

É fato dizer que a área de Recursos Humanos tem um papel fundamental em tornar a empresa atraente para os melhores profissionais. Para isso, é necessário contar com processos robustos e utilizar o máximo da tecnologia para identificar os melhores profissionais nos processos de Recrutamento e Seleção – é importante que o candidato entenda a cultura e valores da empresa, bem como as competências necessárias para atender a demanda dos departamentos.

Após o processo de admissão dos profissionais, a responsabilidade continua muito alta: surge a necessidade de acompanhar o profissional na carreira dentro da empresa e prover as melhores ferramentas para seu desenvolvimento, aprimorar as habilidades e competências com direcionamento para atender e entregar o que foram contratados, além de manter processos constantes de avaliação junto com os Gestores. A garantia de atender a legislação trabalhista também é um ponto essencial, pois todas as atividades dos profissionais dentro da empresa precisam ter um respaldo jurídico para não gerar passivos para a empresa. Da mesma forma, todas as informações e dados armazenados em todo o contrato de trabalho é uma base muito forte para tomada de decisão em desligamentos.

Portanto, o RH 4.0 reflete os avanços tecnológicos que proporcionam mudanças nas empresas. Desde o surgimento do setor até a contemporaneidade, inúmeros momentos decisivos e de grande mudança nas relações sociais exigiram dos gestores de pessoas igual esforço para acompanhar e adaptar os indivíduos ao ambiente empresarial. Vamos entender agora o quanto que o RH 4.0 foi importante para o ano de 2020 – sem preparação prévia, a grande maioria das empresas precisaram colocar muitos de seus profissionais para trabalhar em home office, atendendo uma necessidade de distanciamento pessoal por conta da pandemia que se espalhou rapidamente.

Gostaria de fazer um questionamento ao leitor, com algumas perguntas que entendo propícias para refletir. Quando passamos por uma transição de um ano para outro, temos alguns momentos de reflexão sobre o legado que deixamos no ano que passou, como também pensamos em ações para os próximos anos. Não necessariamente projetos planejados, mas vontade de conseguir algo novo, construir, desenvolver, divertir, descansar, desapegar, entre diversas outras coisas que podemos listar uma ou mais páginas escritas. Convido você a parar em um local calmo para que possa manter concentração e responder as perguntas abaixo sobre a transição do ano de 2019 para 2020:

Tenho certeza de que você se identificou com pelo menos uma das perguntas e parou para refletir o quanto a resposta dela mudou a sua vida no ano de 2020. Agora vamos entender o que mudou para a área de Recursos Humanos com todos estes acontecimentos? O RH 4.0 foi protagonista no momento de pandemia. Tornou-se responsável pela avaliação e direcionamento dos negócios das empresas, atuando em duas frentes totalmente diferenciadas: cuidando das pessoas que têm a necessidade de trabalhar durante a pandemia e subsidiando empresas em processo de transição para alocar profissionais no home office. Tudo isso sem planejamento – situações e informações sobre a pandemia mudavam a cada dia. Não tinha como gerar um plano de ação, pois não existiam bases de informações por se tratar de um acontecimento novo para todos.

Nesse momento, foram poucas as resistências tecnológicas. A necessidade aliada ao uso inteligente de *softwares* e plataformas para controle e gestão dos funcionários no home office passaram a ser aceitas e utilizadas. Muitas destas ferramentas tecnológicas não foram criadas agora, mas foram aprimoradas e não deixarão de ser utilizadas. Foi o momento perfeito para utilização e prática do RH 4.0 – pode-se afirmar que esse processo é praticamente irreversível e quem não adotar a tecnologia para a vida pessoal e profissional, dificilmente sobreviverá ao mercado de trabalho.

Empresas que não adotarem processos inteligentes correm um grande risco, pois todas as revoluções industriais vieram das empresas para as pessoas, forçando o desenvolvimento dos profissionais para se adequarem aos novos padrões. Na contemporaneidade, considerando uma população com cada vez mais em contato com a tecnologia desde os primeiros dias de vida – o que se potencializou, tendo em vista a emergência da modalidade de ensino escolar à distância. É notória a pressão para que as empresas se organizem no sentido de acompanhar essas evoluções tecnológicas e permanecerem competitivas no mercado. Está cada dia mais evidente que a necessidade de adaptação mudou de lado. Foi a primeira vez na história que empresas passaram a implementar tecnologias para atender as pessoas.

Muitas empresas estão mudando o formato de trabalho e buscando reduções de custo com os profissionais trabalhando de suas residências, mas será que todos conseguem se adaptar? Desenvolvi um projeto denominado Diagnóstico Estrutural Home Office, para avaliar o profissional em três pilares importantes, que são eles: pessoal, profissional e estrutural.

- **Pessoal:** entender se o profissional tem condições pessoais para trabalhar de sua residência, se há apoio e compreensão familiar dessa nova realidade e qual o nível de interferência externa que o profissional pode ter durante as horas de trabalho, se há condições de privacidade para tal.

- **Profissional:** há muitas ferramentas para avaliar e estudar o perfil comportamental das pessoas e elas precisam ser estudadas perante o direcionamento da pessoa com a necessidade de interação. Alguns perfis para desempenhar um bom trabalho precisam de contato pessoal, necessitam de uma equipe e pessoas próximas para trocar informações e relacionamento e geram ideias com a visão direta do que está acontecendo.

- **Estrutural:** muitos profissionais no mundo não tem um local apropriado em suas residências para montar uma base de trabalho. Para um curto período a adaptação pode ser feita de forma ergonomicamente incorreta, mas não se sustenta por muito tempo. Outro ponto muito importante para este pilar é a infraestrutura de tecnologia, pois muitos locais não conseguem ter boas conexões de Internet e celular.

O Diagnóstico comentado reforça o papel do Recursos Humanos nas empresas. Após a pandemia, tivemos muitas mudanças e, consequentemente, existem novas competências para empresas e profissionais que trabalham no sistema de *home office*. Empresas que não se adaptarem ao novo modelo de trabalho têm uma tendência muito grande de perder talentos e deixarem de ser atrativas para os potenciais do mercado. Reafirmo: esta revolução industrial passou a ser inversa – as empresas têm maior necessidade de adaptação ao funcionário.

Por fim, ressalto que o RH 4.0 é protagonista no momento de destaque do home office. Os esforços são grandes no sentido de desenvolver profissionais para a adaptação da Indústria 4.0 com mudança no *mindset* das pessoas, mas após o ano de 2020, a tecnologia para Gestão à distância será cada vez mais desenvolvida e com necessidade de capacitação.

A área de Recursos Humanos ganhou força e precisará de profissionais com foco no negócio das empresas para entender e direcionar as ações de forma sustentável e assertiva.

3

GESTÃO DO RH 4.0: REPENSANDO A GESTÃO DE RH NA TRANSFORMAÇÃO DIGITAL

Neste capítulo, apresentaremos uma reflexão sobre a Transformação Digital e a Revolução da Indústria 4.0, bem como as contribuições destas para a reinvenção da gestão de RH, aproveitando os valores agregados que as novas tecnologias podem trazer para a gestão de RH, tornando-a mais enxuta, produtiva e estratégica dentro das organizações, provocando uma verdadeira disrupção nos modelos tradicionais.

FRANCISCO DE ASSIS DAS NEVES MENDES

Francisco de Assis das Neves Mendes

Formação internacional com doutorado em Ciências Empresariais e Sociais na Argentina, Mestrado em Estratégias Empresariais em Portugal e Intercâmbio na Inglaterra. Administrador com especializações em Gestão de RH pela Universidade Cândido Mendes e Direito do Trabalho & Previdenciário pela PUC-MG . MBA em Gestão Empresarial pela USP de São Paulo e Transformação Digital e Futuro dos Negócios pela PUC-RS. Trabalha em multinacional japonesa há 24 anos, com carreira desenvolvida em gestão de RH, relações trabalhistas e liderança em projetos de TI. Também é diretor da ABRH AM, Professor de pós-graduação, palestrante e escritor. É coautor dos livros *Autoconhecimento e Empoderamento*, *Liderando juntos*, *Otimizando Relações* e *Coletânea Literare*, sendo os quatro últimos publicados pela Literare Books. Foi palestrante no CONARH/IBC em 2019 e recebeu premiações via RH das empresas como "Melhores grandes empresas para se trabalhar do Brasil" pelo Instituto GPTW / Revista Época e Prêmio Ser Humano pela ABRH Brasil.

Contatos
fassisnm@yahoo.com.br
www.facebook/FranciscoDeAssisMendes
@francisco_assisnm

> *A transformação digital é a aplicação das tecnologias para solucionar problemas dos Clientes.*
> Matt Vasey, líder global de desenvolvimento de negócios na Microsoft

Introdução

Segundo Alvin Toffler, "o analfabeto do futuro, não é aquele que não sabe ler, mas sim, aquele que não sabe aprender, desaprender e reaprender". Neste contexto, o mundo vem passando por grandes transformações sociais e tecnológicas, as quais estão impactando fortemente os negócios e o mundo do trabalho, criando um verdadeiro mundo M.U.V.U.C.A. Dentro dessa perspectiva, se faz necessário repensar as estratégias e atuação da área de Gestão de Recursos Humanos, pois, como área estratégica nas empresas, precisa desenvolver um novo olhar e uma nova pegada mais inovadora, disruptiva e alinhada com as tecnologias da Quarta Revolução Industrial ou Indústria 4.0.

O mundo M.U.V.U.C.A.

De acordo com Benvenutti (2016),

> vivemos uma época em que as coisas ficam obsoletas cada vez mais rápido. Não só produtos ou serviços desaparecem substituídos por outros, mas indústrias inteiras estão sendo devoradas por formas mais eficientes de trabalho.

A Transformação Digital, Inovações Disruptivas, Choque de Gerações, Diversidade gerando Inovações, Pandemia do COVID-19, Organizações Exponenciais, e tantos outros fenômenos que estão acontecendo na sociedade e nas empresas, nos levam a ter certeza de que estamos vivendo um mundo M.U.V.U.C.A. Este termo é composto pelos acrônimos a seguir:

- **M = Meaningful.** Senso de propósito para as diferentes gerações que convivem no mercado de trabalho. Busca de sentido para suas ações.
- **U = Universal.** Preocupação com impactos em âmbito global.
- **V = Volatilidade.** A natureza e a dinâmica da mudança, e a natureza e a velocidade das forças de mudança e catalisadores de mudança.
- **U = Incerteza.** A falta de previsibilidade, as perspectivas de surpresa e o senso de consciência e compreensão de questões e eventos.
- **C = Complexidade.** O multiplex das forças, a confusão das questões e o caos e a confusão que cercam uma organização.
- **A = Ambiguidade.** A nebulosidade da realidade, o potencial de leituras erradas e os significados mistos das condições; confusão causa e efeito.

No mundo M.U.V.U.C.A., presenciamos diversas transformações sociais e tecnológicas com quebras de diversos paradigmas. Encontros do velho e do novo, do digital e do analógico, a diversidade sendo incentivada como fonte de inovações, as quais ocorrem de forma cada vez mais rápida e habitual – o que aprendemos hoje, torna-se obsoleto rapidamente e a mudança é a grande certeza do dia a dia.

Neste mundo M.U.V.U.C.A., precisamos enxergar o novo como uma possibilidade de nos reinventar todos os dias e aprender coisas novas. Será fundamental para nossa sustentabilidade de empregabilidade ou de empreendedorismo, ou seja, precisamos urgentemente mudar nosso *mindset* tradicional para o *mindset* de crescimento contínuo, cabendo a você, e só a você, decidir se vai querer ser protagonista deste novo mundo ou ficará como Alice no país das maravilhas, sem saber para onde ir e tornando-se coadjuvante desta linda história.

A transformação digital

Nos últimos tempos, o termo Transformação Digital virou o centro das discussões nos desenhos de estratégias de negócios em todo mundo, muito em função das necessidades das organizações de criarem estratégias para tornar seus negócios mais competitivos e sustentáveis. No entanto, muitas estratégias implementadas acabam equivocadamente colocando a tecnologia como principal pilar dessa transformação digital, esquecendo que antes de implementar tecnologias devemos primeiro fazer o dever de casa, que é repensar a cultura organizacional e redesenhar seus processos internos, focados na identificação do que agrega ou não agrega valor.

Para Rogers (2018),

> s tecnologias digitais nos forçam a pensar de maneira diferente sobre como compreendemos e criamos valor para os Clientes. O que os Clientes valorizam pode mudar com muita rapidez, e nossos concorrentes estão a toda hora descobrindo novas oportunidades que talvez sejam mais valorizadas pelos Clientes.

Para Ismail & Malone & Geest (2015),

> ao invés de usar exércitos de colaboradores ou grandes instalações físicas, as Organizações Exponenciais são construídas com base nas tecnologias da informação, que desmaterializam o que antes era de natureza física e o transferem ao mundo digital sob demanda.

Em relação à Cultura Organizacional, é necessário repensar o modelo atual analógico e tradicional e adaptar para a visão futura de século XXI, baseado em um modelo de cultura organizacional que incentive as pessoas a pensarem diferente – que incentive o aprendizado contínuo e que a inovação disruptiva seja o combustível da organização. É necessário um trabalho de transformação do *mindset* fixo para o *mindset* de crescimento de todas as pessoas na organização.

É fundamental que seja realizado um mapeamento dos processos internos e externos, identificando o que agrega e o que não agrega valor antes de implementar novas tecnologias, para que se alcance o sucesso previsto pela Transformação Digital. Desta forma, as empresas e suas equipes poderão eliminar os desperdícios existentes nos processos atuais antes da adoção de novas tecnologias. Neste contexto, empresas poderão implementar novas tecnologias baseadas em processos enxutos e eficientes e, assim, será possível colher grandes resultados de eficácia, eficiência, qualidade e aumento de produtividade com as estratégias de Transformação Digital dentro das organizações.

A revolução da Indústria 4.0

Para Magaldi & Neto (2018),

> um dos fenômenos fundamentais para o desenvolvimento de uma sociedade é a tecnologia. O mundo corporativo sempre recebeu essa influência de forma decisiva desde as máquinas a vapor na 1ª Revolução Industrial.

As Revoluções Industriais, ao longo dos anos, tiveram um papel fundamental na transformação dos negócios e do trabalho, sendo que o surgimento de novas tecnologias foram as grandes impulsionadoras desses processos transformacionais.

Na 1ª Revolução Industrial, o fator preponderante foi o surgimento da máquina a vapor. Já na 2ª Revolução Industrial, o grande instrumento desta revolução foi o surgimento da energia elétrica, a qual possibilitou a expansão da indústria automobilística. Em seguida, veio a 3ª revolução industrial capitaneada pelo surgimento dos computadores e robótica, possibilitando uma expansão da automação industrial, gerando grandes ganhos de produtividade e geração de milhões de empregos.

Atualmente, estamos vivendo a 4ª Revolução Industrial ou Indústria 4.0, a qual surgiu na Alemanha em meados de 2010, expandindo-se posteriormente para outros países como Estados Unidos, China, Japão e Coréia. A 4ª Revolução Industrial ou Indústria 4.0 é composta por diversas tecnologias, possibilitando uma verdadeira revolução nos processos fabris, contribuindo para aumento na produtividade e qualidade nos processos produtivos das indústrias.

Segundo Schwab (2016),

> não há dúvida de que as tecnologias emergentes, quase sempre alimentadas e possibilitadas pelos recursos digitais, estão aumentando a velocidade e a escala de mudanças nas empresas.

As Tecnologias da Indústria da 4.0, capitaneadas pela Inteligência Artificial (IA), Internet das Coisas (IoT), Computação em Nuvem, Impressão 3D, *Big Data*, Realidade Aumentada e Virtual, são ferramentas que podem ser utilizadas em qualquer área e processos das empresas, possibilitando eliminar atividades operacionais e rotineiras, além de implementar soluções de inteligência para tomada de decisões.

A transformação digital da gestão de RH

A Gestão de Recursos Humanos vem ganhando destaque ao longo da história. Inicialmente, as Teorias Administrativas influenciaram grandemente sua concepção, passando posteriormente por aprimoramentos e agregação de novos conceitos, técnicas e ferramentas, sempre em processo evolutivo de transformação para se adequar as necessidades de cumprir um papel estratégico dentro das organizações e, recentemente, sendo impactada fortemente pela transformação digital e o surgimento da Indústria 4.0.

No RH 1.0, surgiu a primeira geração da Gestão de RH, onde a área era conhecida como "Departamento de Pessoal", onde a atuação era totalmente operacional e com foco em folha de pagamento e controle de ponto. Já o RH 2.0, além de ser responsável pela Administração de Pessoal, agregou as novas áreas de Recrutamento & Seleção e Treinamento, em função da preocupação das empresas em contratar as pessoas certas para as posições demandadas dentro do negócio e treinar pessoas para funções técnicas e atender regras da ISO 9000 nos inícios dos anos 90. No final dos anos 2000, surgiu dentro das organizações a necessidade de desenvolver talentos e sucessores dentro das organizações, aparecendo o RH 3.0, em que a Gestão de RH passou a ser concebida como uma área estratégica dentro das organizações.

Atualmente, estamos vivenciando o surgimento do RH 4.0, onde a Transformação Digital e as Tecnologias da Indústria da 4.0 contribuem positivamente para tornar a Gestão de RH mais enxuta, mais produtiva e mais estratégica, contribuindo mais efetivamente para o sucesso das diretrizes organizacionais – tudo isso é viabilizado graças à utilização de tecnologias emergentes e principalmente as tecnologias da Indústria 4.0.

Nos processos de Recrutamento & Seleção, podem ser utilizadas tecnologias de Inteligência Artificial para entrevistar candidatos através de *Chatbot* e aplicar testes de conhecimentos gerais e técnicos a partir da utilização de *Gamification*. Ao mesmo tempo, através da leitura facial, captação de voz e perguntas poderosas, é possível gerar relatórios de análise de perfil comportamental on-line. Ao final dos testes, é gerado um parecer de classificação dos candidatos para uma próxima etapa, sem a intervenção humana e com uma maior eficácia na escolha inicial dos candidatos para vaga.

Na área de Treinamento pode-se utilizar das tecnologias de realidade virtual e aumentada para aplicação de treinamentos vivenciais, tornando a experiências das pessoas mais enriquecedora, possibilitando simular cases reais no mundo virtual. Assim, é possibilitado um maior engajamento e interesse em participar de treinamentos. Ao mesmo tempo, considera-se o aprendizado proporcionado por esse processo a partir da aplicação vivencial nos processos de treinamentos.

Na área de Gestão de Talentos, a partir da utilização da Inteligência Artificial interligada com *Big Data* e *Business Intelligence*, pode-se cruzar informações dos colaboradores de avaliação de desempenho x entregas em projetos x evolução da formação acadêmica x perfil comportamental e outros, e gerar um Nine Box com mapeamento de talentos e futuros sucessores da organização em *real time* e gerando um PDI (Plano de desenvolvimento individual) com acompanhamento automático pelos gestores e RH.

Considerações finais

Considerando a Gestão de RH como área estratégica nas empresas, bem como o fato de que a utilização das Inovações Tecnológicas pode trazer ganhos de produtividade e qualidade nos negócios – e que a Indústria 4.0 impactará fortemente os processos de fabricação na indústria de produtos e serviços –, a área de Gestão de RH tem uma grande oportunidade de se reinventar e tornar-se protagonista nesse novo mundo digital e disruptivo, implementando tecnologias 4.0 na Gestão dos processos de RH, de forma que fortaleçam as diretrizes do negócio e que tragam resultados exponenciais. Mas para que o tudo isso aconteça, se faz necessário primeiramente repensar a Cultura Organizacional e fazer um movimento de melhorias nos processos internos para só depois implementar novas tecnologias. Tecnologias implementadas corretamente irão gerar resultados extraordinários, fortalecendo ainda mais a importância da área da Gestão de RH para o sucesso das organizações.

Referências

BEVENUTTI, M. *Os Incansáveis: como empreendedores de garagem engolem tradicionais corporações e criam oportunidades transformadoras.* São Paulo.Editora Gente, 2016.

GEROMEL, R. *O Poder da China: o que você deve saber sobre o país que mais cresce em bilionários e unicórnios.* São Paulo. Editora Gente, 2019.

ISMAIL. S.; MALONE, M. S.; GEEST, Y. V. *Organizações Exponenciais: por que elas são 10 vezes melhores, mais rápidas e mais barata que a sua (e o que fazer a respeito).* São Paulo: HSM Editora, 2015.

MAGALDI, S.; NETO, J. S. *Gestão do Amanhã: tudo que você precisa saber sobre gestão, inovação e liderança para vencer a 4ª revolução industrial.* São Paulo. Editora Gente, 2019.

ROGERS, D. L. *Transformação Digital: repensando o seu negócio para era digital.* São Paulo: Autêntica Business, 2018.

SCHWAB, K. *A Quarta Revolução Industrial.* São Paulo. Edipro, 2016.

4

SÍNDROME DE *BURNOUT*: O DESAFIO DO RH FRENTE À SAÚDE MENTAL NAS RELAÇÕES DE TRABALHO

Com as transformações sociais e o impacto da pandemia do novo coronavírus, o RH se deparou com um novo cenário: a condição emocional da equipe. Neste capítulo, você irá compreender as causas da Síndrome de *Burnout* e as consequências dela no desenvolvimento profissional e na produtividade da empresa.

JÂNIA CORREIA

Jânia Correia

Psicóloga graduada pela Multivix Cachoeiro, formação em Pedagogia pela Universidade Paulista, graduanda em Gestão de Recursos Humanos pela Unopar Cachoeiro, pós-graduada em MBA em Legislação Trabalhista e Direito Previdenciário pela BSSP. Atuação profissional como psicóloga empresarial, *business partner*, consultora de carreira e palestrante sobre Comportamento Organizacional. Apresentadora do quadro *Job News* na Tv Record News – ES.

Contatos
www.janiacorreia.com.br
janiacorreia@hotmail.com
LinkedIn: Jânia Correia
Instagram:@janiacorreia_
Facebook: @janiacorreiapsicologa
28 99905-7025

*Escolha um trabalho de que gostes e não terás que trabalhar
nem um dia na tua vida.*
Confúcio

Quando questionamos por que trabalhamos, a resposta muitas vezes parece óbvia: é fato que precisamos de dinheiro e recursos para desenvolver nossos projetos pessoais e profissionais, mas é importante ressaltar que a essência do trabalho vai muito além de questões financeiras. O trabalho traz consigo uma subjetividade, uma identidade social que ao longo do tempo pode gerar consequências positivas ou negativas – o que vai definir a realização profissional são os processos que percorrem desde a escolha da carreira até o ambiente organizacional.

Neste sentido, pode-se dizer que o trabalho pode proporcionar satisfação, mas também pode ser sufocante, principalmente para aqueles que sofrem com pressão no desempenho das suas atividades. Se as tarefas diárias do trabalho se tornarem um peso e uma fonte de ansiedade, pode ser um sinal de esgotamento ocupacional. Por isso, o setor de RH precisa ter uma visão ampla sobre o indivíduo, tendo em vista que a saúde mental ainda é um tabu, principalmente no âmbito corporativo.

A Síndrome de *Burnout* é um distúrbio emocional caracterizado pelo excesso de estresse no trabalho, o termo é de origem inglesa e significa exaustão. O esgotamento no trabalho fica muito intenso, gerando uma tensão que afeta os aspectos psicológicos e físicos e a ausência de tratamento pode ocasionar depressão e até mesmo suicídio. O ritmo frenético do mundo moderno e as mudanças econômicas e sociais culminaram em uma nova forma de viver, e com o trabalho não foi diferente: para muitos, o sentimento é que o trabalho é uma fonte de estresse e conciliar a qualidade de vida com as responsabilidades das atividades laborais tem sido uma sobrecarga para muitos trabalhadores.

Segundo a Organização Mundial de Saúde (OMS), o Brasil é o segundo país com a população mais estressada no mundo, perdendo apenas para o

Jânia Correia | 37

Japão. Os números apontam que 70% dos brasileiros sofrem com estresse e 30% desse total tem incidência de Burnout, ou seja, quase da metade do índice tem diagnóstico de esgotamento profissional. Isso demonstra que as pessoas estão cada vez mais desmotivadas, sobrecarregadas ou insatisfeitas com seu trabalho.

Quem sofre de Síndrome de *Burnout* e quais os fatores que contribuem para o surgimento?

Quem nunca sentiu um cansaço após um dia de trabalho? Aquela sensação de sair e jogar tudo para alto pode ser tornar uma rotina intensa e perturbadora que acabam tomando toda a energia da pessoa. O *burnout* não escolhe vítimas pelo gênero ou pela idade – os sinais podem surgir de forma gradual e de acordo com a rotina de cada um, mas é importante considerar uma série de fatores, como o perfil do indivíduo, a profissão escolhida, o ambiente de trabalho e as transformações da sociedade. Confira abaixo a lista dos principais fatores de risco para o desenvolvimento da Síndrome de *Burnout*:

Fatores de risco no ambiente de trabalho	
• Excesso de responsabilidade e normas	• Falta de expectativa profissional
• Condições de trabalho inadequadas	• Falta de autonomia e ambiguidade de funções
• Jornada excessiva e horas extras frequentes	• Insatisfação salarial
• Metas inalcançáveis	• Assédio moral
• Relação interpessoal conflituosa	• Falta de controle sobre as tarefas

Principais profissões de risco	
• Profissionais da área da saúde em geral, destaque para médicos e enfermeiros	• Jornalistas
	• Bombeiros
• Professores	• Policiais
• Advogados	• Agentes penitenciários
• Psicólogos	• Bancários
	• Executivos

38 | Gestão do RH 4.0

Fatores individuais/ Influência da personalidade
• **Perfeccionista** – Aquele que enxerga o erro como algo inaceitável, se cobra e sofre por pequenos detalhes comuns à rotina do trabalho. • **Pessimista** – Não acredita no próprio potencial, reclama de tudo e não vê perspectiva de crescimento na carreira e na empresa. • **Controlador** – Assume várias tarefas que não lhe pertencem, sem mesmo ser delegado a isso. É muito provável que irá acumular responsabilidades, tarefas e emoções. • **Passivo** – Aceita todas as condições da empresa, não coloca limites nas atividades, não se posiciona, mesmo quando solicitado.

As mudanças ocorridas em 2020 durante a pandemia do novo coronavírus trouxeram outros fatores de risco para o esgotamento profissional, como o trabalho home office. A nova modalidade de trabalhar em casa surpreendeu muita gente: conciliar a rotina da casa com a produtividade da empresa tem sido uma fonte de estresse para muitos trabalhadores, principalmente para as mulheres. Com a transição do escritório para casa, elas sofrem um acúmulo de funções dentro do mesmo ambiente – ser mãe, esposa, dona de casa e profissional tem sido um jogo de equilíbrio capaz de levar à exaustão.

Sinais de combustão: conheça os sintomas relacionados à Síndrome de *Burnout*

Embora tenha algumas profissões que são mais propensas ao surgimento de um quadro esgotamento profissional, qualquer um pode apresentar os sinais da síndrome. A tensão aguda gerada pela atuação profissional afeta as habilidades emocionais e o paciente começa a ter dificuldades nas relações sociais. Dependendo da gravidade, o indivíduo pode ficar complemente isolado no seu próprio mundo. Os sintomas são diversos e podem surgir de acordo com o perfil e histórico de cada pessoa.

Segundo o Ministério da Saúde, os principais sinais da Síndrome de *Burnout* são:

- Cansaço excessivo, físico e mental
- Dor de cabeça frequente
- Alterações no apetite
- Insônia
- Dificuldades de concentração
- Sentimentos de fracasso e insegurança
- Negatividade constante
- Sentimentos de derrota e desesperança
- Sentimentos de incompetência
- Alterações repentinas de humor
- Isolamento
- Fadiga
- Pressão alta
- Dores musculares
- Problemas gastrointestinais

Em alguns casos, o diagnóstico pode ser confundido com a depressão. Isso acontece, pois alguns sinais são semelhantes, principalmente o sono irregular – o paciente pode dormir mais que o natural ou pode apresentar insônia. Além disso, pode ocasionar alimentação desbalanceada, alteração cardíaca e apatia.

A somatização de todos os problemas gerada pela tensão no trabalho compromete todo o corpo e faz com que o paciente seja afastado de suas obrigações com o trabalho. Com a falta de energia, o trabalhador fica sem motivação para as atividades prazerosas e pode perder o sentido da vida. Se o indivíduo não buscar ajuda de especialistas, a depressão surge de forma sutil, podendo chegar ao ponto crítico como o pensamento suicida.

O impacto do *burnout* no ambiente empresarial

Embora os distúrbios psicológicos de origem ocupacional não sejam recentes, nunca se fez tão necessária a implantação de ações para tornar o espaço de trabalho mais leve e produtivo. Mesmo com as grandes transformações ao longo da história, os benefícios para manter a saúde mental são vistos por alguns gestores como um custo, somente 30% das empresas brasileiras têm interesse em implantar ações de promoção para saúde física e emocional do trabalhador.

Além disso, os trabalhadores que sofrem de esgotamento profissional geralmente são alvo de muito preconceito pelos próprios gestores e colegas de trabalho. Como a exaustão faz com que o indivíduo desenvolva a falta de interesse com o trabalho e as atividades que lhe são atribuídas, a equipe pode considerar os sinais como "preguiça" ou "corpo mole", cenário que pode agravar ainda mais a situação.

Um dos impactos do Burnout no ambiente empresarial é a queda na produtividade das atividades e na qualidade do trabalho. Os reflexos da exaustão podem ser sinalizados no mau atendimento com o cliente e o relacionamento interpessoal pode apresentar sinais de rudeza, além da falta de atenção e concentração – podendo culminar em acidentes de trabalho. Se a empresa não promover ações para reconhecer o impacto da emoção no ambiente de trabalho, ela pode contribuir para o agravamento do problema em uma escala maior, que gera rotatividade de pessoas e insegurança da equipe.

Novo papel do RH com a saúde mental

O setor de RH tem sofrido muitas transformações nos seus processos. Diante da pandemia que afetou o ano de 2020, os profissionais se depararam com outras questões que merecem atenção – o trabalho home office, a mudança na jornada, a redução dos contratos de trabalho, o excesso de informação e o medo de perder o emprego foram fatores que afetaram a saúde mental de muitos trabalhadores. Neste sentido, considerando o novo olhar do RH 4.0 – que atua diretamente com ferramentas tecnológicas e processos modernos –, os profissionais dessa área deverão ampliar as concepções no que diz respeito à qualidade de vida da equipe. Manter práticas arcaicas e esperar que o desenvolvimento das pessoas ocorra com o tempo não traz o resultado que a empresa precisa na gestão de pessoas.

O novo papel do RH consiste em estabelecer uma conexão maior com a equipe, valorizando seus aspectos emocionais e desenvolvendo programas de prevenção à saúde mental, tendo em vista que a excelência no atendimento com o cliente e a produtividade que a empresa tanto espera estão diretamente relacionadas com a qualidade de vida do colaborador e do propósito dele com a organização. Por isso, o setor de RH precisa ficar atento às causas de estresse: sintomas como desânimo, clima organizacional ruim, excessos de atestados médicos ou afastamentos são pontos que precisam ser observados para prevenir o surgimento de *burnout*. Um dos desafios do RH é a implantação dos benefícios voltados para a qualidade de vida do trabalhador. Se a gestão da empresa enxergar as ações apenas como um custo, o trabalho do RH vai à estaca zero e os resultados não serão atingidos. Ou seja, o equilíbrio na comunicação entre o RH e empresa é fundamental para o desenvolvimento da equipe. É importante que o colaborador tenha liberdade e acredite nos valores da organização. Embora algumas profissões tenham tendência maior a desenvolver a Síndrome de *Burnout,* a maneira como os líderes se comunicam com os liderados tem grande influência no acúmulo de estresse. O relacionamento interpessoal e uma cultura organizacional tóxica são fatores de risco para o surgimento do esgotamento profissional.

A liderança da empresa precisa assumir novas práticas e entender que o novo mercado requer uma gestão mais humanizada e que compreenda a influência dos aspectos sociais na vida emocional da sua equipe. Lideranças hostis e abusivas estão entre as principais fontes de estresse no ambiente de trabalho. O grande desafio é que nem sempre a gestão da empresa consegue enxergar essa dificuldade, o que consequentemente limita e dificulta o trabalho do RH. Não adianta cobrar da equipe um comportamento afetivo e profissional, uma vez que a própria gestão não promove a prática de acolhimento.

A intensidade da doença ocorre de acordo com o cargo que cada profissional ocupa e do nível de cobranças internas. Segundo a Organização Mundial da Saúde (OMS), o excesso de estresse e a insatisfação com o trabalho tornou a Síndrome de *Burnout* a segunda doença psiquiátrica mais incapacitante do mundo.

Tratamento da Síndrome de *Burnout*

Ao notar que a rotina laboral passa por problemas que prejudicam a mente e o corpo, o indivíduo deve compreender que precisa buscar ajuda. Esse período inicial é crucial para identificação do quadro. É importante lembrar que o tratamento da Síndrome de Burnout requer a atuação de psicólogo e psiquiatra, pois o afastamento do trabalho sem acompanhamento de especialistas não ameniza os sintomas. A mudança de hábitos também é um fator crucial – a realização de atividades físicas, momentos de lazer e alterações em ambientes que lembrem a rotina laboral são pequenas ações que fazem grande diferença no paciente. Em todos os níveis da doença, a psicoterapia é necessária para o psicólogo identificar junto com o paciente quais foram os fatores que ocasionaram a exaustão. Paralelo a isso, o psiquiatra atua na indicação de medicamentos para regular os neurotransmissores, uma vez que o estresse agudo provoca alterações na química do cérebro.

Além da atuação desses especialistas, o indivíduo deverá analisar sua vida social e pessoal, agregando terapias alternativas que reduzem o nível de estresse, como meditação, massoterapia, atividade física, técnicas de mindfulness, dentre outras práticas que trabalham as emoções, crenças, percepções e feridas. Priorizar a saúde mental é o caminho para uma vida mais leve e prazerosa.

Considerando a rotina moderna e intensa que os brasileiros estão enfrentando marcada por uma correria desenfreada, os cuidados com a conexão entre mente e corpo na maioria das vezes ficam em segundo plano, e a resistência em buscar ajuda pode trazer consequências que podem deixar marcas para a vida. Seja qual for a profissão que você desempenha, administre o seu tempo e busque equilíbrio para aprender a lidar com as adversidades. Reserve um momento para cuidar de si, pois o autoconhecimento é fundamental para identificar situações que não são saudáveis. Lembre-se: o trabalho não foi feito para adoecer.

Referências

CARLOTTO, M. *Síndrome de Burnout: um tipo de estresse ocupacional.* RioGrande do Sul, Caderno Universitário, Ulbra, 2001.

Chia, H. Y. (2014). *Ren e Educação: a plenitude do humano – o livro IV dos Analectos de Confúcio.* Notandum. São Paulo

DEJOURS, C. *A loucura do trabalho.* Cortez-Oboré, São Paulo, 1992.

MINISTÉRIO DA SAÚDE.*Síndrome de Burnout: o que é, quais as causas, sintomas e como tratar.* Disponível em: <http://antigo.saude.gov.br/saude-de-a-z/saude-mental/sindrome-de-burnout#:~:text=S%C3%ADndrome%20de%20Burnout%20ou%20S%C3%ADndrome,justamente%20o%20excesso%20de%20trabalho.> Acesso em: 30 mar. de 2021.

SPECTOR, P. E. *Psicologia nas organizações.* 4. ed. São Paulo: Saraiva, 2013.

5

APRENDIZAGEM E OBJETIVOS ORGANIZACIONAIS: CRIANDO PROGRAMAS DE TREINAMENTO E DESENVOLVIMENTO (T&D) QUE ALAVANCAM RESULTADOS

Neste capítulo, discute-se a aprendizagem como recurso estratégico e o papel do RH como condutor na criação da cultura de aprendizagem e de experiências positivas de T&D. Para tal, são apresentados alguns aspectos/fatores que devem ser considerados no processo de planejamento das ações de treinamento de sucesso. Ao final, consta um roteiro adaptado para a aplicação prática da metodologia 6D.

JOANA MACIEL

Joana Maciel

Mestre em gestão do conhecimento pela PUC-PR e doutoranda em ciências empresariais e sociais pela UCES-BUA. Formação e experiência em DesignThinking, Design instrucional, Storytelling, TTT, aprendizagem/neuroaprendizagem e metodologias ativas. Especialista em Aprendizagem Organizacional e Comprometimento Organizacional. Atua, há mais de 15 anos, em consultoria de DHO e em projetos de educação, de gestão de pessoas, gestão do conhecimento, de reengenharia organizacional por meio das pessoas. Responsável pela construção/reestruturação de universidades corporativas e ações de treinamento para o governo e grandes organizações como: Ambev, Unilever, Itaú, Sodexo, Fifa, Pepsico, Ministério do Turismo, MEC, Grupo Moura, Whirlpool, Abrasel, Vida Simples, Ambev Tech entre outras. Palestrante, formadora de lideranças, pesquisadora e mãe. Apaixonada por desafios, por ajudar as pessoas e as empresas a alcançarem experiências e resultados excelentes.

Contatos
synapseit.com.br
joanamaciel@synapseit.com.br
LinkedIn: @joana-maciel

O treinamento não é fim! Treinamento é meio. Meio para alcançar um resultado, algum KPI determinado. Essa diferença parece óbvia, mas constantemente nos deparamos com situações em que treinamos apenas por treinar.

O que mais ouço é: "preciso criar um treinamento". Quando pergunto sobre o motivo do treinamento, a resposta é quase sempre a mesma: a área cliente solicitou. Nós do RH muitas vezes respeitamos o formato, o prazo e o modo que a área solicitante demanda – fazemos isso sem refletir sobre os "porquês" e "aonde querem chegar". Se der certo, ótimo! Mérito da área demandante – mas se der errado, quem fica com a conta é o RH/T&D. Faz sentido investir meses/anos para criar um novo produto, mas fazer um treinamento pro forma? Não faz! Os investimentos de tempo e financeiro devem ser compatíveis.

É claro que queremos agradar o nosso cliente interno, no entanto o nosso papel vai muito além disto – nós somos estratégicos! É por meio das pessoas que a transformação, as estratégias, a inovação e o conhecimento acontece. Cabe ao RH fazer esses desdobramentos e, para tal, devemos estar conectados com o planejamento estratégico – saber os porquês, para onde vamos e aonde queremos chegar como organização. O nosso olhar deve ser pautado em resultados e em indicadores. Precisamos saber discutir/defender os orçamentos com a área financeira de igual para igual – sem aceitar que capacitar é "supérfluo" ou que dá para fazer low ou no budget. Temos que demonstrar que somos investimento, damos retorno concreto e criamos ROI.

É preciso, urgentemente, realinhar nosso *mindset* e posicionamento perante a estrutura. Sair do clichê, do operacional e demonstrar o quanto faz diferença ter um capital intelectual preparado para atuar. A aprendizagem é um recurso poderoso para a vantagem competitiva da organização.

Aprendizagem é estratégica

De acordo com o livro Balance Scored Card (BSC) (1997), de Kaplan e Norton, o BSC tem como objetivo o desempenho organizacional (estratégia e planejamento) sob quatro perspectivas: financeira, do cliente, dos processos internos e de aprendizado e crescimento. Eles estabelecem uma hipótese sobre a cadeia de causa e efeito que leva ao sucesso no nível estratégico – este está relacionado às pessoas da organização, abrangidas na perspectiva de aprendizado e crescimento. São as pessoas que estão atuando nas organizações, seus aprendizados perante as suas atividades e a sinergia dos desdobramentos estratégicos que geram os resultados – e para auxiliá-los, existe os indicadores desse desempenho como uma forma de mensurar e calibrar as ações feitas e assim direcionar aos resultados esperados.

A aprendizagem organizacional (AO) pode ser entendida como a capacidade das organizações de criar, adquirir e transferir conhecimentos e em modificar seus comportamentos para refletir estes novos "saberes" e ideias (SENGE, 2013). É um recurso estratégico que visa à busca da melhoria dos processos atuais ou novas perspectivas (inovação) para que a organização possa dispor de vantagens competitivas perante o mercado em que ela opera. Essa aprendizagem surge como uma resultante da interação dos indivíduos e dos grupos com a organização – são os três níveis de interação. A organização que aprende desenvolve a capacidade de entender o futuro que deseja. A partir disso, são feitos os planejamentos e as ações são implantadas para que haja a transformação da situação atual para a desejada. Como meio para compartilhar o conhecimento e gerar aprendizagem, as empresas utilizam os treinamentos, os manuais, os históricos documentados, entre outros recursos que compreendam as informações relevantes para o desempenho das atividades.

Como criar experiências positivas em T&D

Como gerar ações de treinamento que tenham engajamento e adesão? Ou uma aprendizagem duradoura? Como ou quais indicadores de desempenho podem ser extraídos do treinamento para mensurar os resultados organizacionais obtidos e como esses podem ser traduzidos em aprendizado? Nesse sentido, considero uma tríade de valor: Competência + Conteúdo + Público.

Competência são os objetivos organizacionais, o que queremos resolver (o desafio – KPI); o conteúdo envolve todo aspecto de construção das ações de treinamento – desde a metodologia, o formato, a intensidade,

48 | Gestão do RH 4.0

o tema/conteúdo em si; e, por fim, o público – não se pode construir uma ação de T&D sem entendê-lo. Não adianta adotar somente critérios demográficos (idade, gênero, escolaridade) ou de escritório (o que achamos que é) – temos que compreender os interesses, os medos, o que move, qual a percepção de mundo. Isso permite equalizar o discurso, a linguagem e a dinâmica de transmissão do conteúdo.

Essa tríade de valor deve estar clara antes de iniciar qualquer ação DHO – é por meio dela que os caminhos deverão ser tomados. Vale a pena investir tempo nesse mapeamento e na definição da tríade para se concentrar na construção da ação de aprendizagem. Deve-se considerar quatro aspectos (chamo de quarteto fantástico) que formam a equação para construir ações T&D de sucesso:

---

metodologia + formato + conteúdo + mediador = experiências positivas

---

Em metodologia, entende-se todas as ações que deverão ser realizadas para alcançar o resultado – e aqui envolve definir se será presencial, virtual, híbrida e para cada um destes deve ser ponderada a dinâmica de aprendizagem e a absorção do conteúdo. Treinamento mediados por tecnologia podem alavancar em mais de 30% a absorção dos conteúdos. Na metodologia também são definidas as camadas de interação, compartilhamento de aprendizados e todos os objetos instrucionais que serão desenvolvidos.

O formato, por sua vez, compreende todo o processo de taxonomia de Bloom, definição da linguagem, definição de tempo – no presencial pode definir os painéis ou seções e as ferramentas adotadas (dinâmicas); no virtual, o foco é definir os tipos de *assets* de vídeo (depoimento, animação, esquete) ou telas de curso virtual. Tratando-se de conteúdo, invista em estruturá-lo de modo que o tema seja contextualizado, que possua um clímax e, no final, tenha uma amarração de tudo que foi apresentado – explicar onde o conteúdo será utilizado na prática é uma boa forma de começar. Também precisa ficar claro o que é importante – o conteúdo segue a estrutura da gestão do conhecimento: *must know, good to know* e *nice to know*.

Por fim, o mediador/apresentador/professor também precisa ter fluidez e clareza para transmitir o conteúdo. Ainda que existam assuntos em que a narrativa não esteja vinculada a somente uma pessoa, o fato é: tem que ter didática e muito jogo de cintura para cativar a atenção, disputadíssima, do público. Às vezes, o mediador pode ser ótimo técnico, mas pode não ter jeito para transmitir seu conhecimento – e nós temos que estar aptos a treiná-lo ou criar alternativas.

Por onde começar

Com base na tríade de valor, adoto uma adaptação da metodologia 6D como caminho para a construção de um programa de desenvolvimento. O Livro 6D's: As seis disciplinas que transformam educação em resultados para o negócio (2011), de Wick, Jefferson e Pollock, tem como base os fundamentos do design instrucional e apresenta seis disciplinas para promover uma experiência de aprendizagem completa que gere mais resultados alinhados com os objetivos de negócio: determinar expectativas, desenhar experiência de aprendizagem, direcionar a aplicação para a prática, definir a transferência de aprendizado, dar apoio à performance, documentar resultados.

O objetivo é promover mudanças no comportamento, despertar novas habilidades e criar novos hábitos nos participantes. A aplicação de qualquer uma das disciplinas de forma isolada irá melhorar o desafio da companhia, porém, aplicá-las em conjunto trará excelentes resultados, mais completos para a empresa. Este método deve ser adaptado à realidade de cada país e organização – um bom começo é saber a essência de cada uma das etapas e o que devemos fazer para aplicá-las. Nas próximas páginas, serão apresentadas cada uma das disciplinas com uma ação/roteiro de como aplicar a etapa no dia a dia – assim você já tem um ponto de partida.

1. Determinar

Esse é o ponto de partida. É preciso definir qual o retorno que o treinamento deve trazer para valer o investimento. Determine qual o KPI que deve ser alcançado e como essa meta poderá ser mensurada ao final. E aqui é necessário ser bem específico sobre os resultados que se pretende atingir. Nessa etapa utilizo o método de espinha de peixe com os *sponsors* do projeto.

- Quem será beneficiado com essa ação e por quê?

- Checklist para validar com o demandante/*sponsors* do projeto:

[   ] Financeiro
[   ] Aumento de produtividade (em %)
[   ] Redução de turnover
[   ] Aumento de vendas

2. Desenhar

Essa etapa consiste em definir a experiência de aprendizado que o público deverá ter. Considerando todo o processo, até o pós-treinamento e não somente o momento em que ele entra em sala ou acessa virtualmente o conteúdo. Um aspecto importante dessa etapa é utilizar o mapeamento do público (tríade) para construir as etapas – uma boa opção é utilizar *design thinking* (jornada do "consumidor" e construção de personas).

- Quem é o meu público? Quais são seus interesses, necessidades, disponibilidades, sonhos etc. O que eles buscam?

_____

_____

_____

- Qual é o meu orçamento limite?

_____

_____

_____

- Quais dos recursos abaixo possuo e quais deles posso utilizar?

[   ] Bons fornecedores
[   ] Plataforma LMS
[   ] Especialista do tema
[   ] Design instrucional
[   ] Espaço físico

- Quais objetos de aprendizagem abaixo vou utilizar e quais não servem para meus objetivos?

[   ] Livros
[   ] Simulador
[   ] Gameficação (de que forma)
[   ] Guias/mapas mentais

[   ] Vídeos
[   ] Revista
[   ] Quizzes
[   ] Podcast

- Qual o tempo de duração do projeto? E o volume do conteúdo?[1]

3. Direcionar

São consideradas todas as ações que serão adotadas para aplicar o conteúdo do treinamento. Quanto maior o uso do novo conhecimento, maior a sua fixação – vale dar uma olhada na Teoria de Glasses para entender os percentuais de aprendizagem. Nessa disciplina, tem que ficar claro: para que serve e o que o participante ganha com esse conhecimento.

- As ações terão qual periodicidade? E por qual motivo?

- Em quanto tempo esse projeto irá acontecer? Por quê?

- Como o participante vai utilizar esse conhecimento? Definir as atividades impactadas.

---

1 Esteja atento ao volume de conteúdo que irá propor ao seu público e do quanto vai impactar nas demais atividades do profissional e lembre-se de desenhar a régua de periodicidade de conteúdo.

52 | Gestão do RH 4.0

4. Definir

Para evitar o "aprendizado sucata" e o desperdício financeiro, é necessário definir a transferência – responsabilidade compartilhada entre os profissionais de T&D, os gestores e os participantes. Para manter o aprendizado "vivo" e presente, existem várias ações que ajudam, tais como lembretes a respeito do treinamento, feedbacks, balanço de resultados, entre outras ferramentas.

- Quais ações pós-treinamento serão adotadas? Por quanto tempo?

_____

_____

_____

- Quais os responsáveis por cada uma delas? Envolva o máximo de atores e apoiadores possíveis.

_____

_____

_____

5. Dar apoio

Os participantes precisam de apoio para pôr em prática os seus aprendizados. Alguns exemplos de ações nesse sentido são: disponibilizar os novos conteúdos online, montar um guia de melhores práticas, grupos/fóruns de compartilhamento, premiações (reconhecimento).

- Quem será o responsável e como essa pessoa deverá direcionar e cuidar do acompanhamento?

_____

_____

_____

- Como você pretende divulgar (manter vivo) o projeto?

_____

_____

_____

6. Documentar

Essa é a etapa de colher os frutos de trabalho, ou seja, mensurar e documentar os resultados e os KPI definidos na disciplina 1. As ações de T&D deve trazer impactos concretos e valor para a organização. Lembre-se de utilizar indicadores diretos do treinamento (frequência, interação, absorção, reação) e indiretos (organizacionais) – quanti e qualitativos (clima, acidentes, entre outros) – estabeleça deltas de análise para cada indicador.

- Quais informações você pretende documentar como resultado?

[   ] Engajamento
[   ] Evasão
[   ] Performance
[   ] Resultado na prática

Lembre-se que cada um de nós é responsável por estimular a cultura de aprendizagem e o ambiente de compartilhamento do conhecimento. Nada melhor do que propiciar o alinhamento dos objetivos organizacionais com experiências positivas de T&D utilizando boas ferramentas/técnicas e planejamento.

Referências

KAPLAN, R. S. e NORTON, D. P. *A Estratégia em Ação: Balanced Scorecard*. 6. ed. Rio de Janeiro: Campus, 1997.

PISKURICH, G. M. *Rapid Instructional Design: Learning ID Fast and Right*. 3. ed. Willey: 2015.

SENGE, P M. *Quinta Disciplina: Arte e prática da organização que aprende*. Gabriel Z. Neto, (Trad.). 29. ed. Rio de Janeiro: Best Sellers, 2013.

TERRA, J. C. C. *Gestão do conhecimento: o grande desafio empresarial: uma abordagem baseada no aprendizado e na criatividade*. 2. ed. São Paulo: Negócio, 2001.

WICK, C.; JEFFERSON, A.; POLLOCK, R. *6ds: As seis disciplinas que transformam educação em resultados para o negócio* (trad). São Paulo: Évora, 2011.

6

COM A REVOLUÇÃO 4.0, SURGE UM NOVO CONCEITO DE LIDERANÇA

Neste capítulo, abordaremos a ligação entre a Revolução Industrial com os modelos de liderança, quais aspectos, habilidades e conhecimentos serão necessários para os gestores que estarão à frente das companhias. Será uma quebra de paradigma em nosso modelo mental, e uma ruptura com os modelos tradicionais existentes.

JOSÉ WAGNER NOGUEIRA JR.

José Wagner Nogueira Jr.

José Wagner Nogueira Jr. é coautor do Livro Gestão humanizada de pessoas – *construindo as empresas do futuro*; formado em Administração de Empresas pela Universidade Federal de Viçosa e com MBA pela Fundação Getulio Vargas e PUC, além de diversos cursos em instituições internacionais de grande porte como Harvard e University of Michigan. É um profissional com vivência internacional e vasta experiência em Recursos Humanos, atuando em multinacionais e grandes empresas brasileiras, tais como: McDonald's, CVC Corp, Uol Inc. e Construtora Tenda. Sempre com o olhar voltado para pessoas e para fazer as coisas acontecerem. Sua *expertise* permeia desde um pensamento digital como forma de trazer novos mecanismos e atualidades à área de Gente e Gestão, bem como conectando pessoas e culturas para liderar em um complexo e incrível mundo. É membro da Associação Brasileira de Profissionais de Recursos Humanos – ABPRH, e embaixador do comitê de Gente e Gestão, com a missão de trazer tendências, mudanças e transformações para a área de Recursos Humanos.

Contatos
wagnerknogueira@hotmail.com
Linkedin: @wagnernogueirajr
11 98340-7737

O líder 4.0 – líder do amanhã

Nosso mundo muda constantemente e de forma cada vez mais acelerada. Temos atravessado várias mudanças nos últimos séculos e cada revolução alterou de forma única os modelos de gestão de sua época. Entretanto, parafraseando Madeleine Albright, enfrentamos a tarefa de compreender e governar as tecnologias do século XXI com a mentalidade do século XX e as instituições do século XIX. Por esse ângulo, nos questionamos sobre como será o papel do líder. Por isso, antes de entendermos o presente, é importante olharmos para trás e entender como chegamos aqui.

A história da humanidade

Em nossa história, vivenciamos revoluções importantes: a cognitiva, agrícola e científica. A primeira, o Homo sapiens se desprende da biologia e passa a ser um ser pensante, capaz de tomar decisões e determinar comportamentos, não há mais o embasamento na natureza ("vida Natural"); nossas decisões passam a ser regidas pelas culturas. De acordo com Harari (2018), após a revolução cognitiva, os Sapiens adquiriram a tecnologia, as habilidades organizacionais e, talvez, até mesmo a visão necessária para sair do continente afro-asiático e povoar o mundo.

O segundo grande momento da nossa história foi a revolução agrícola. Fomos capazes de fixar moradia e os grupamentos humanos se consolidaram. Ela permitiu termos o controle da natureza. Houve uma mudança cultural na qual as posições foram invertidas. Antes, a natureza designava o caminho do ser humano. Agora, o ser humano designa o caminho da natureza (SAHLINS, 1987). Foi a primeira grande mudança em nossa forma de viver. Foi um modelo baseado na domesticação de animais e na produção de alimentos. E com o seu surgindo, o homem, passo a passo, foi capaz de melhorar a produção de alimentos, estimulando e criando o crescimento da população, e assim levar à urbanização e grandes sociedades.

Por última, e a mais recente: a revolução científica. Segundo Harari (2018), foi a disposição para admitir a ignorância que tornou a ciência moderna mais dinâmica, versátil e indagadora do que todas as tradições de conhecimento anteriores. Podemos separar em quatro grandes momentos ou revoluções:

As revoluções

A primeira grande revolução surgiu no século XVIII, próximo do ano de 1760, e o fato que a desencadeou foi a invenção da máquina a vapor e sua aplicação industrial, tendo como fator predominante a troca da força humana pela energia mecânica. Em seguida, a segunda grande revolução teve como protagonista a eletricidade, química e petróleo, sendo por muitos considerada um aprimoramento da primeira revolução, visto que não existe uma grande ruptura. Nestes períodos surge o Taylorismo, e o que Taylor propõe é uma gerência científica do trabalho. Isso significa um "empenho no sentido de aplicar os métodos científicos aos problemas complexos e crescentes do controle do trabalho nas empresas capitalistas em rápida expansão" (Braverman, 1987: 82). Posteriormente, o Fordismo surge com a introdução da esteira rolante. Dois modelos que tinham como foco o controle do processo de trabalho, hierarquização e gestão vertical.

A terceira revolução, conhecida como a revolução digital, marcou o início da era da informação. Segundo Castells (1999 p. 69), a tecnologia da informação é para esta revolução o que as novas fontes de energia foram para as revoluções industriais, indo do motor a vapor à eletricidade. Contudo, o que caracteriza a atual revolução tecnológica não é a centralidade de conhecimentos em informação, mas a aplicação da informação para geração de conhecimentos e de dispositivos de processamento e de comunicação. Esta revolução foi impulsionada pelos semicondutores, computação e Internet. Entretanto, segundo a ONU, por meio de seu órgão (UIT – União internacional de telecomunicações), até 2019 apenas 54% da população possuía acesso à Internet, sendo mais de 3,6 bilhões de pessoas excluídas da comunicação online.

Na contemporaneidade, vivemos em um cenário disruptivo. A quarta revolução, usualmente conhecida como Indústria 4.0, terá como base a conectividade entre pessoas, máquinas, robótica, inteligência artificial, nanotecnologia, computação quântica. Segundo Schwab (2019), muitas dessas inovações estão apenas no início, mas já estão chegando a um ponto de inflexão de seu desenvolvimento, pois elas constroem e amplificam umas às outras, fundindo as tecnologias dos mundos físico, digital e biológico. Entretanto, é importante notar que as revoluções se sobrepõem, ou seja, com a segunda revolução tivemos acesso à energia elétrica – porém, de acordo com pesquisas, a ONU relata que ainda temos 13% da população mundial vivendo sem acesso à eletricidade e 54%, como vimos, sem Internet.

O papel do líder nesse cenário é primordial para garantir que as revoluções sejam niveladas e para que possamos estar aptos a dar o próximo passo na quarta revolução que se apresenta.

O líder 4.0

Nos últimos séculos, várias mudanças ocorreram em relação à forma de administração e liderança. No início, a liderança era focada no controle e gestão vertical e, posteriormente, na execução da linha de produção. Nos últimos anos, novas teorias surgiram relacionadas à liderança, atribuindo ao líder o papel de responsável por motivar e influenciar em busca de atingir o objetivo. Hoje, porém, os gestores atuais se questionam qual será a correta forma de liderar no cenário que desponta, quais suas complexidades e mudanças.

O líder 4.0 deverá ser capaz de navegar por novas formas de tomada de decisão, e não ser levado para o pensamento linear e tradicional. Segundo Schwab (2019), esta revolução está pautada na velocidade, ou seja, novas tecnologias geram outras novas, com mais amplitude e profundidade, isto é, mudando não apenas como, mas também "quem" somos. Por último, o impacto sistêmico, que pode ser visto na transformação entre países, empresas, indústrias e em toda sociedade. Desta forma, devemos focar no desenvolvimento de novas capacidades e habilidades para compor a estrutura do líder do amanhã.

Habilidades 4.0

A liderança será disruptiva, irá alinhar o melhor entre os dois lados (humano e tecnologia) e terá um mercado à frente inovador, flexível e altamente produtivo. Por isso, as habilidades e conceitos que veremos à frente devem ser mais e mais frequentes nos próximos anos.

Visão do físico e do virtual

As empresas sofrerão mudanças drásticas nos próximos anos, novos sistemas onde o físico e virtual irão compartilhar espaço e cooperarão de forma global e flexível. Essa nova forma abordará diversas áreas desde sequenciamento genético à computação quântica. O líder 4.0 deve ser capaz de fazer associações entre os diversos conhecimentos, e guiar equipes multifuncionais entre o físico e o virtual. Muito mais do que delegar e inspirar pessoas, o líder deve ter a visão holística e ser capaz de ver através do véu de incerteza que ainda existe na revolução.

Foco na inovação

A inovação não será mais disruptiva depois de um certo momento e fará parte do dia a dia das empresas. A tecnologia capaz de aprender e aprimorar constantemente trará um novo aprendizado às empresas, como incluir e processar todas as mudanças e alinhar as equipes em um mundo de constantes alterações. O Líder deve ser capaz de conectar a empresa, as equipes e a tecnologia, fazendo que a comunicação e a informação estejam presentes em todos os cantos. O conceito da Internet das coisas (IoT), Internet dos Serviços (IoS) e Inteligência Artificial estarão mais conectados do que nunca, alterando a forma de como vemos o mundo, trabalhamos e vivemos. O líder deve saber usar todos os novos conceitos e ferramentas em prol da companhia, sociedade e novos objetivos.

Pensar fora do padrão

Aqui vale a diferença entre pensar grande e sonhar grande. O pensar grande é deixar-se seguir pelo fluxo linear da ideia, sem desenvolver e questionar o status quo, sem buscar ser disruptivo e diferente. Podemos exemplificar: Gympass teria o pensar grande – uma grande franquia de academias espalhadas pelo mundo, com boas parcerias e a possibilidade de utilização de academias para seus clientes, ao invés de uma plataforma única que conecta os praticantes de esporte às academias individuais. iFood e Rappi pensariam em uma empresa capilarizada, atingindo várias regiões do Brasil e um forte processo de entrega, ao invés de um modelo inovador e embasado na tecnologia, capaz de modernizar a forma de entrega.

Foco no cliente

O olhar no cliente vem sendo defendido há pelo menos 50 anos, mas hoje com a tecnologia e avanços existentes é possível ter um olhar direto sobre o consumidor, entendendo suas necessidades, interesses e, assim, definir o melhor produto para cada indivíduo. Podemos ver o início desse processo com a quantidade de informações que o consumidor passa a receber após procurar um produto na Internet. O desenvolvimento de algoritmos de compra, a capacidade de compilar diversas informações sobre o consumidor, o novo processo de *omnichannel* ou omnicanal como estratégia de conteúdo para melhorar a experiência do cliente e desenvolver relacionamentos (sites, presencial, app, lojas físicas), todas essas ferramentas auxiliando a compreensão das necessidades do cliente. Um ponto importante para isso é conectar as inovações com a capacidade inovativa e analítica humana para desenvolver e criar produtos únicos.

Gestão descentralizada e novos modelos

Muitos líderes detêm a decisão (gestão centralizada), logo essa mudança terá grande dificuldade no decorrer dos anos. O poder e a responsabilidade serão divididos em equipes multifuncionais com foco na agilidade e na difusão da responsabilidade para a tomada de decisão.

O trabalho e a carreira passam a ser parte de projetos e experiências dentro das organizações, da mesma forma com que cargos e funções deixam de ser exercidos em um novo modelo multitarefa e multidisciplinar, no qual o conhecimento é importante insumo, e será aprimorado pelo uso da tecnologia e aprendizado constante.

Design x padrão

No livro *Aplicando a quarta revolução industrial*, Klaus Schwab comenta que, devido à complexidade, tendemos a rejeitar qualquer tentativa de moldar os sistemas sociais e políticos. Devemos olhar através das propostas padrões, principalmente quando pautadas na filosofia do design centrado nas pessoas. Isto pode ajudar a entendermos melhor as estruturas e compreender como novas tecnologias podem ajudar os sistemas a terem novas configurações.

Enfrentar o óbvio

Como vimos, as revoluções se sobrepõem umas às outras e, consequentemente, o líder deverá ser capaz de questionar velhos hábitos inseridos na Indústria 4.0. Iremos nos deparar com situações nas quais teremos que atuar em cenários disruptivos com líderes usando conceitos antigos e ultrapassados, além da permanência das instituições baseadas em modelos do século XIX. O líder deve enfrentar o óbvio e trazer à tona a consciência dos novos modelos e conceitos para equipe, questionando sempre o *status quo*.

Criador de conceito

O caminho do líder 4.0 é incerto, porém conectado à tecnologia disruptiva que está surgindo dia após dia, seja em grandes empresas, laboratórios ou garagens ao redor do mundo. Essa tecnologia irá reger os próximos anos da humanidade. Assim, o Líder será um ator principal na modelagem dos regulamentos que virão a ser escritos. Segundo Schwab (2018), se formos bem-sucedidos, os benefícios incluirão uma disseminação mais ampla da prosperidade, a redução da desigualdade e a reversão da perda de confiança que está dividindo as sociedades e polarizando a política.

O líder deve ser capaz de perceber novos modelos, e usá-los de forma positiva, focando em sistemas que garantam às populações vidas mais ativas e longevas, potencializando a segurança econômica e desenvolvimento de ferramentas para um ambiente saudável.

Conclusão

O período de transição irá necessitar que o líder atue como ferramenta para elevar a consciência dos novos modelos, moldando os conceitos e auxiliando as instituições a deixarem o antigo *status quo* e formas ultrapassadas de trabalhar para trás. Este período será crucial para moldar as organizações, sociedades e pessoas.

O líder será guia, criador e potencializador do desenvolvimento das novas instituições ao redor do mundo, tendo um papel primordial na revolução 4.0.

O líder será a mudança. Como já dizia Gandhi: seja a mudança que você quer ver no mundo.

Referências

BRAVERMAN, Henry. *Trabalho e capital monopolista: a degradação do trabalho no século XX*. Rio de Janeiro: Guanabara.

CASTELLS, Manuel. *A sociedade em rede*. São Paulo: Paz e Terra, 1999;

HARARI, Yuval Noah. *Sapiens: uma breve história da humanidade*. Porto Alegre, RS: L&PM, 2018.

SAHLINS, Marshall. *Economía de la Edad de Piedra*. Madrid: Akal, 1987.

SCHWAB, Klaus. *A quarta revolução industrial* [livro eletrônico]. São Paulo: Edipro, 2019.

SCHWAB, Klaus. *Aplicando a quarta revolução industrial*. São Paulo: Edipro, 2018.

7

COMUNICAÇÃO COLABORATIVA: CONSTRUINDO ENGAJAMENTO

Comunicação e colaboração estão no topo da lista das habilidades mais requisitadas pelos empregadores na sociedade 4.0. Como engajar as pessoas num processo colaborativo? Neste capítulo, trabalharemos como criar espaços dialógicos e gerar espaços de confiança e corresponsabilidade.

JULIANA POLLONI

Juliana Polloni

Advogada graduada pela UNESP (1996), mestre em Direito pela UNAERP (2003), doutora em Serviço Social UNESP (2013). Mediadora experiente, atuando desde 2005 com famílias e organizações. Certificada pelo ICFML como Mediadora Nível Avançado. Coordenadora Executiva do FONAME – Fórum Nacional de Mediação. Capacitada em Práticas Colaborativas pelo IBPC (2014). Especialista em Comunicação Não-Violenta, participou do Treinamento Intensivo Internacional realizado pelo Center For Nonviolent Comunication (2019). Facilitadora de diálogos com certificado internacional em Práticas Colaborativas e Diálogicas pelo The Taos Institute Houston Galveston Institute e Interfaci. Treinadora e palestrante experiente. Apoia pessoas e organizações na construção de espaços dialógicos para transformação de conflitos e tomada de decisões, anfitriando conversas com a utilização de metodologias dialógicas e colaborativas e no desenvolvimento das habilidades comunicacionais e socioemocionais.

Contatos
julianapolloni@gmail.com
LinkedIn: www.linkedin.com/in/juliana-polloni
Instagram: @julianapolloni_metaconversa
YouTube: Juliana Polloni – Metaconversa
11 95383-9689

A comunicação sempre foi um tema reconhecido como importante no contexto colaborativo, porém com a quarta revolução industrial - a tecnológica - que deu nome à sociedade 4.0, o olhar para a comunicação se amplia, incluindo o processo de escuta, a consciência de que há mais elementos que vão além das palavras e seus desdobramentos. Ou seja, a comunicação passa a ser vista a partir de um ponto de vista relacional.

A comunicação está entre as chamadas *soft skills*, habilidades socioemocionais. A habilidade de se comunicar apareceu no levantamento global realizado pelo LinkedIn em meados de 2020 como a característica mais valorizada por empregadores. Outras habilidades que compõem a lista são a capacidade de liderança, de aprendizado online e de resolução de problemas.

Trabalho há anos com processos conversacionais que objetivam a resolução de conflitos ou tomada de decisões.O resultado desse levantamento global – que coloca a comunicação como a habilidade mais procurada por empregadores neste momento histórico – não me surpreende. A comunicação é uma chave para gerar conexão, empatia e engajamento entre as pessoas. O que percebo junto das equipes de trabalho é que as habilidades de liderança e de resolução de problemas passam também pelo desenvolvimento de uma comunicação consciente e colaborativa.

A colaboração não surge pela mera vontade ou pedido de contribuição, mas do desenvolvimento de um contexto gerador, a partir de um processo que envolve um olhar sistêmico para os seres humanos e as relações que os constituem enquanto grupo. De acordo com Kahane (2018), o desafio de colaborar é que, para avançar, devemos trabalhar com outras pessoas, inclusive aquelas de quem discordamos, não gostamos ou em quem não confiamos.

A proposta é que olhemos para o modo como podemos gerar entendimento e confiança. A abordagem relacional da comunicação nos tira da ideia de culpabilização de nós mesmos ou do outro sobre os mal-entendidos, bem como amplia nosso olhar para as percepções de cada pessoa ao escutar alguma coisa. O simples ato de uma pessoa falar e a outra ouvir não significa que a comunicação alcançou seu objetivo. Os sentidos das palavras são múltiplos, na medida em que múltiplas são as experiências de cada pessoa com cada palavra. A comunicação alcança seu objetivo quando, naquela relação, o sentido do que está sendo dito é compartilhado. A consciência de que o processo comunicacional se dá dessa maneira é um excelente ponto de partida para compreender como podemos construir uma conversa colaborativa. De acordo com Gergen (2020), o sucesso de qualquer organização ou empresa depende, substancialmente, da capacidade de seus membros para uma eficaz negociação de significados.

Para uma eficaz negociação de significados, é preciso uma postura dialógica, na qual as pessoas se sentam para compreender os sentidos atribuídos por cada um numa determinada conversa ou situação. Esse lugar de compreensão é diferente do lugar de convencimento. Abandonar o lugar de certo e errado é algo primordial numa conversa que pretende gerar colaboração. Quando alguém entra na conversa acreditando estar certo e o outro errado, há um bloqueio para a escuta, pois enquanto uma pessoa está falando, a outra busca em sua mente os contra-argumentos para rebater o que o outro está dizendo. Dessa forma, não escuta do que está sendo dito diante dela.

Entrar em uma conversa com a disposição de escutar as diferenças com curiosidade é uma forma de gerar espaços genuínos de troca de sentidos e ampliação das percepções e das possibilidades. A solução dos conflitos e a tomada de decisão dificilmente estão prontas – pelo contrário, elas são construídas em conjunto a partir da ampliação da visão proporcionada pela troca dialógica. A colaboração, o engajamento e a confiança são processos de construção de sentidos em grupos. Elas se desenvolvem na medida em que são estimulados por espaços seguros de diálogo, onde há possibilidade de se expressar com autenticidade e de ser escutado com curiosidade.

Marshall Rosenberg, quando desenvolveu a Comunicação Não-Violenta, também deu ênfase para o processo comunicacional como algo a ser construído pelos envolvidos, para o qual é necessária a postura de não julgamento, a escuta empática e a expressão autêntica. A expressão autêntica é entendida como a comunicação aberta e sincera de como as situações impactam aquele que se expressa e de que forma esses impactos revelam as necessidades por trás daquilo que está sendo dito. A sinceridade está na consciência de que não há o que temer, onde explicitamente o julgamento foi colocado de lado. Muitas equipes revelam a dificuldade em se expressar com autenticidade. Isso envolve o medo de ser criticado, julgado ou ser visto como alguém que não tem competência para desempenhar seu papel. Isso acaba gerando um ciclo relacional que impede o crescimento de todos os envolvidos. Existem muitas metodologias e facilitadores de comunicação disponíveis para a construção de espaços de diálogo mais adequados às necessidades dos colaboradores. Treinar as lideranças em algumas dessas metodologias é fundamental para que as conversas do dia a dia (e também as mais difíceis) sejam vistas como espaços dialógicos. As posturas que envolvem as conversas colaborativas são apreendidas e incorporadas no cotidiano quando são genuinamente sustentadas pelas lideranças. A presença de um facilitador é muito útil para dar acesso às vivencias desses espaços, mas é no dia a dia que esses aprendizados são consolidados na equipe. Isso explica o fracasso de muitos treinamentos corporativos na área da comunicação: se os aprendizados não forem sustentados pelo grupo, se perdem com o tempo.

Recursos para evitar essa situação envolvem manter os espaços regularmente constituídos para treinamento e o desenvolvimento da comunicação colaborativa dentro da organização. Grupos periódicos (mensais, quinzenais, semanais) para expressão autêntica e escuta empática sustentados por um facilitador, apoiado por membros da equipe daquela organização (que vão também treinando para ser anfitriões dessas conversas) podem ser muito úteis para a incorporação dessa forma de conversar.

Segundo Stone, Patton e Heen (2011), as pessoas que aprenderam novas abordagens para seus diálogos mais desafiadores relataram menos ansiedade e mais eficiência em todos os seus diálogos. Também observa-se que, em geral, tratar de assuntos difíceis e de situações estranhas de maneira construtiva fortalece o relacionamento. Esse ponto é algo que venho constatando nos processos dialógicos que facilito. Por mais estranho que possa parecer a princípio, solucionar uma situação conflituosa com uma abordagem construtiva gera confiança para aquela relação. É como se a relação passasse por uma prova de que pode sustentar uma crise.

Como construir, na prática, um espaço dialógico?

Primeiramente, é necessário acomodar as pessoas de forma em que todos possam se ver. O formato circular é muito propício para proporcionar a igualdade entre as pessoas, todos se veem e cria-se um campo de conexão entre os presentes, viabilizando a expressão da inteligência coletiva do grupo. Dependendo do tamanho do grupo, é muito útil um objeto de fala, algo que passe pelas mãos dos participantes, conferindo

Juliana Polloni | 69

voz a quem se expressa e oportunidade de escuta aos demais. Essa é uma forma de distribuir igualmente a oportunidade de expressão às pessoas do grupo, uma vez que é comum sem esse recurso que apenas algumas pessoas se expressem. As conversas devem partir de uma construção de contexto conversacional. Todos os envolvidos participam da elaboração dos combinados para que aquela conversa se realize. Existem propostas feitas pelo anfitrião da conversa, mas para que haja engajamento todos devem ser sentir coautores desse processo. Expectativas para a conversa, tempo de duração, como serão feitas as falas, como será o processo de diálogo e de fechamento, quem vai contribuir com o quê, se há algum pedido.

Além desses aspectos, pontos como a confidencialidade ou não daquela conversa, as posturas de não julgamento, de abertura para a escuta curiosa, todos esses pontos são importantes para criar um espaço seguro em que as pessoas se sintam confortáveis em expressarem com autenticidade. Faz parte também da ideia de expressão autêntica o falar em primeira pessoa e o cuidado do anfitrião em apoiar as pessoas a sustentarem esse comportamento. Falar em primeira pessoa significa falar de si e não do outro. É muito comum as pessoas acharem que esse momento de construção de contexto é perda de tempo e isso é um perigoso engano. Os efeitos de começar as conversas e ir direto ao assunto a ser tratado, sem os combinados todos do "como" vamos conversar pode gerar omissões de fala, ou mesmo a expressão de desconfortos de forma conflitiva, tornando a conversa improdutiva e desgastante e, aí sim, necessitará de grande investimento de tempo para recuperar o desgaste desses momentos. Depois da construção de contexto conversacional, que pode ser feita para grandes ou pequenas reuniões, todos estarão mais propensos a se comunicarem de forma mais produtiva.

Importantes recursos a serem usados nos processos dialógicos

Apreciação – Apreciar é dar visibilidade às ações ou palavras das pessoas que contribuíram significativamente – valorar, afirmar as forças de alguém. Diferente do elogiar, onde se parabeniza alguém por meio de um adjetivo, mas sem identificar a ação que contribuiu para a vida de outra pessoa. A apreciação gera sentimento de satisfação, pois atende uma necessidade humana fortemente compartilhada, que é a de contribuição.

Curiosidade – Falamos aqui da curiosidade como um qualificador da escuta. No contexto dos processos dialógicos, a curiosidade é estimulada no sentido de gerar interesse pelo outro, para que não sejam feitas suposições precipitadas, mas sim buscar o significado das palavras para quem está falando e checar se o significado atribuído por mim é o mesmo e garantir que estamos nos comunicando de forma eficaz. É uma mola propulsora para a profundidade das conversas.

Pluralidade – Uma postura de abertura para escutar falas a partir de pontos de vista diferentes. Divergir não é um problema – o problema é não avançar em uma conversa por causa de uma divergência. Se alguém pensa diferente demais, é necessário buscar compreender a percepção desta pessoa também.

Postura de não-julgamento – Muitas pessoas acham extremamente difícil essa postura, afinal nosso cérebro é biologicamente programado para julgar as situações a fim de nos proteger. Contudo, ter consciência que esse processo nos ocorre de forma instintiva torna mais fácil incorporar essa postura. Se sabemos que cada pessoa atribui significados diferentes às palavras de acordo com suas experiências vividas anteriormente, então é possível sair do lugar de juiz das situações e entrar no lugar do escutador das situações.

Olhar para a complexidade – A expressão VUCA – do inglês, descreve quatro características marcantes do mundo atual: volatilidade, incerteza, complexidade e ambiguidade – ficou bastante conhecida no mundo corporativo. Complexo não significa difícil, complexo é o contrário de simples. Estar com olhos atentos à complexidade é ter consciência de que há uma série de interrelações que deram origem às situações e buscar o que mais está presente ali.

Humanização – Para simplificar nosso julgamento das coisas, costumamos categorizar pessoas e situações. Ao fazer isso, colocamos as pessoas em grupos, rotulamos esses grupos e jogamos fora qualquer possibilidade de escuta curiosa, pois já sabemos o que essas pessoas pensam, sentem e porque agem da forma que agem. Ao humanizar, olhamos para cada ser como único, com características que podem até ser motivos de afastamento para nós, mas também com pontos de conexão conosco.

Incluir os sentimentos – Os sentimentos estão conosco, onde quer que estejamos e, com certeza, estão fortemente presentes nas conversas mais difíceis. Acolher os sentimentos e compreender que ninguém causa o sentimento de ninguém, mas que ele se apresenta como um sinal de necessidades presentes, atendidas ou não, gera conforto emocional e menos tensão do que evitar que os sentimentos sejam expressos.

Respeito – Respeitar é ofertar ao outro o espaço interno e contextual para que se expresse com autenticidade, sem ser julgado. Todos somos dignos de sermos vistos e escutados. Com o desenvolvimento de um processo dialógico pautado nestes recursos é possível construir o engajamento de uma equipe, que constrói também neste processo confiança e conexão, sentindo-se motivada a colaborar pela pertença e contribuição que pode ofertar para o crescimento de todos.

Referências

BOJER, Marianne [et al]. *Mapeando diálogos: ferramentas essenciais para a mudança social*. Rio de Janeiro: Instituto Noos, 2010.

GERGEN, Kenneth. *Construcionismo social: um convite ao diálogo*. Rio de Janeiro: Instituto Noos, 2010.

KAHANE, Adam. *Trabalhando com o inimigo: como colaborar com pessoas das quais você discorda, não gosta ou desconfia*. São Paulo: Editora Senac, 2018.

ROSENBERG, Marshall. *Comunicação não-violenta: técnicas para aprimorar relacionamentos pessoais e profissionais*. São Paulo: Ágora, 2006.

STONE, D.; PATTON, B.; HEEN, S. *Conversas difíceis*. 10. ed. Rio de Janeiro: Elsevier, 2011.

8

A LIDERANÇA ÁGIL

Neste capítulo, vamos explicar o que é a Metodologia Ágil, que está conquistando pessoas e organizações por incentivar colaboração, maior capacidade de adaptação e inovação na vida e nos negócios. Além disso, vamos explorar as competências necessárias para ser um líder ágil com vistas a protagonizar esse novo modelo de gestão.

KARINA PAPA

Karina Papa

MBA executivo pelo INSPER, mestrado pela PUC/SP, especialização em Administração pela USP e graduação em Serviço Social pela UNESP. Idealizadora da Determinação Desenvolvimento Humano. Atua como aceleradora de pessoas e organizações por meio de metodologias ativas de aprendizagem, *coaching* e mentoria. Sou *coach* executiva e mentora de líderes. Atualmente, é diretora ABRH-RMO/Alphaville. cocriadora do jogo de tabuleiro Ciclos da Vida e Protágonas. Possui mais de 15 anos de experiência nos seguimentos de saúde em gestão de pessoas, liderança de equipes, políticas de atendimento ao cliente, endomarketing, criação e implantação de serviços.

Contatos
karinapapa@determinacaodh.com.br
LinkedIn: @karinapapa
11 97315-1927

Contextualizando a organização ágil

O Manifesto Ágil foi criado em 2001 por 17 especialistas de desenvolvimento de *softwares*, como Kent Beck, Martin Fowler e Jeff Sutherland. Desde então, os princípios desse acordo ultrapassaram as barreiras da engenharia de software e tomaram conta de empresas de diferentes segmentos por meio das metodologias ágeis (como Scrum, kanbam, sprints e outros), transformando a forma de fazer negócio e criando uma liderança ágil, focada em crescimento.

A mentalidade ágil se tornou uma cultura que envolve valores, princípios e práticas que têm como missão substituir a gestão focada no comando e controle por uma liderança flexível, focada no cliente e com alto poder de adaptação.

As empresas precisam, cada vez mais, buscar repertório para reagir às demandas dos clientes – tendo em vista o aparecimento de novos concorrentes, os quais oferecem serviços personalizados e não de prateleira. Para sobreviver nesse mercado incerto, imprevisível e dinâmico, é necessário grande esforço, dedicação e resiliência dos profissionais envolvidos. Quem continuar seguindo a lógica do "sempre foi assim" possui um enorme risco de sucumbir e desaparecer do mercado.

Para Mckinsey&Company (2017),

> as organizações ágeis estão operando sob uma nova lógica organizacional, pois, ao invés de serem pilotadas como uma máquina, as organizações ágeis são reconhecidas como um organismo vivo e em constante evolução.

Mudança de paradigma: de organizações estáticas para organizações vivas

A única coisa constante é a mudança.
Heráclito de Éfeso

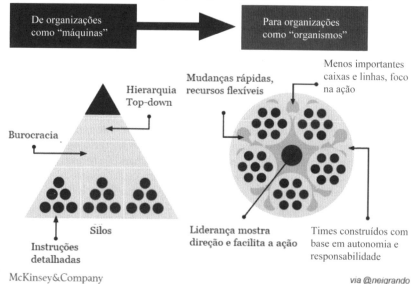

Fonte: Mckinsey&Company (2017).

Quais as principais características de organizações ágeis?

1. As organizações ágeis concentram-se em experimentações rápidas. As equipes produzem um produto viável mínimo (MVP) rapidamente, geralmente em sprints de uma ou duas semanas. Para conseguir isso, os membros da equipe devem ser responsáveis pelo resultado de ponta a ponta de seu trabalho. Eles têm autonomia para buscar informações diretas de todas as partes interessadas. Assim, garantem que o produto atenda às necessidades do respectivo cliente (tanto

interno como externo), acompanhando todas as etapas do processo de operação como fica bem explicado na imagem acima.

2. As organizações ágeis aproveitam maneiras otimizadas e funcionais de trabalhar para facilitar a interação entre as equipes, incluindo comunicação, processos, formatos de reunião ou tecnologias digitais (por exemplo: Trello, Slack) dedicadas em aperfeiçoar e organizar o tempo em que as equipes trabalham.

3. As organizações ágeis são orientadas fundamentalmente para o desempenho. Eles exploram novas abordagens de gerenciamento de desempenho, de compartilhamento de metas em todo o trabalho, bem como acompanham um processo/serviço específico de ponta a ponta e medem o impacto e resultadonos negócios ao invés do impacto na atividade. Esses processos são informados por diálogos de desempenho compostos de feedbacks formais e informais frequentes entre as equipes.

4. Trabalhar em ciclos rápidos exige que as organizações ágeis viabilizem a total transparência das informações, para que cada equipe acesse de maneira rápida e fácil as informações de que precisam e possam compartilhar informações com outras pessoas.

5. As organizações ágeis fazem do aprendizado contínuo uma constante de seu processo evolutivo. Todos podem aprender livremente com seus próprios erros e acertos, com os novos conhecimentos e capacidades que desenvolvem em seus papéis profissionais. Esse ambiente estimula o aprendizado e os ajustes contínuos, os quais ajudam na evolução e alcance dos resultados.

6. Os profissionais também dedicam tempo para encontrar melhores processos e maneiras de aperfeiçoar os processos de trabalho, bem como os resultados de desempenho do negócio. As organizações ágeis enfatizam a tomada de decisões rápida, eficiente e contínua, preferindo 70% de probabilidade agora contra 100% de certeza mais tarde. Eles têm uma visão sobre os tipos de decisões que estão tomando e quem deve estar envolvido nessas decisões objetivamente, numa escala menor de tempo, por exemplo, 3 meses, 6 meses ou 12 meses.

Para lidar com essas mudanças, se faz necessário um modelo mental diferente frente a esse novo cenário organizacional compreendido como organismo vivo. Para tanto, vamos apresentar um esquema detalhado das principais diferenças entre organizações tradicionais e organizações ágeis baseado no Mckinsey&Company (2017).

Um novo modelo mental ao aplicar as metodologias ágeis nas organizações	
Organizações Tradicionais	**Organizações Ágeis**
Estratégia Oportunidades baseadas no modelo mental da escassez, da competitividade e concorrência.	Propósito e visão compartilhados. Identificação e aproveitamento de oportunidades. Flexibilidade na alocação de recursos.
Estrutura Estrutura Vertical. Controle sobre os processos de trabalho. Previsibilidade sobre o que fazer, como fazer e quando fazer para maior gerenciamento. Trabalhadores vistos como recursos intercambiáveis.	Estrutura Horizontal de trabalho. Atribuições claras e responsáveis. Governança prática. Práticas "mão na massa". Parcerias ativas em ecossistema. Ambiente físico e virtual aberto. Células Responsáveis Adequadas ao Uso (*squads*).
Processos Ciclos de aprendizagem pautados na experiência da função/cargo, com critérios de planejamento detalhados a serem seguidos.	Interação e experimentação rápida. Formas equalizadas de trabalho. Orientação para o desempenho. Transparência das informações. Aprendizado contínuo. Tomada de decisão orientada para a ação.
Pessoas Gestão de pessoas baseada no controle, direcionamento e na previsibilidade. Especificaçãoe definição de tarefas e atividades a serem realizadas.	Gestão de pessoas baseada no conhecimento. Liderança compartilhada e servidora. Movimentação empreendedora. Mobilidade no cargo e função.

Fonte: Mckinsey&Company (2017).

Como desenvolver uma liderança ágil?

Unir-se é um bom começo, manter a união é um progresso, e trabalhar em conjunto é a vitória.
Henry Ford

A liderança tradicional se configura como um modelo no qual o papel do gestor é identificar o que precisa ser realizado e delegar as informações aos funcionários para depois verificar o que foi feito, garantindo assim um fluxo de trabalho pautado em processos de maximização da produtividade. Entretanto, frente às demandas por processos ágeis nas organizações, surgiu a necessidade de um líder mais ágil, todavia isso só acontece quando os líderes também estão comprometidos com princípios e práticas ágeis como apresentadas acima.

Por mais que metodologias como o Scrum — que tem como foco o trabalho criativo e adaptável na solução de problemas complexos — ou o Kanban — que visa reduzir prazos e gerenciar a quantidade de trabalho em andamento — ainda é comum que líderes apliquem o ágil com a mentalidade de comando e controle.

Qual a diferença entre equipe ágil e liderança ágil?

Uma equipe ágil está focada em devolver soluções inovadoras para ampliar o valor entregue ao cliente, o mais rápido possível utilizando ferramentas como Scrum e Kanban. Já uma liderança ágil precisa fazer com o que a mentalidade e as metodologias ágeis sejam aplicadas, garantindo que as equipes ágeis sejam incluídas nos setores-chave, que haja experimentação, decisões descentralizadas e flexibilidade, mas sem perder de vista as operações que sempre garantiram integridade dos negócios.

Uma liderança ágil exige que os líderes criem sistemas equilibrados que ofereçam ao mesmo tempo estabilidade e agilidade. Ou seja, atuar de forma ambidestra ao buscar padronizar operações e investir em inovações.

Portanto, a mudança no estilo de liderança tradicional para o estilo ágil está na capacidade do líder ágil em desenvolver as pessoas, permitir que elas se apropriem de seu trabalho, na sua habilidade de confiar nas pessoas, se ajustar ao processo, em construir objetivos e resultados junto com sua equipe.

O processo ágil força os líderes a saírem de seus silos e a trabalhar juntos como grupo multidisciplinar, superando obstáculos e mudando a rota quando necessário. Com o tempo, reequilibrando componentes disformes, temos a "virada de chave" de um sistema operacional para uma empresa ágil.

Quais são os princípios da liderança ágil?

A Agile Business Consortium (2017) enfatiza nove princípios fundamentais para a liderança ágil, as quais estão elucidadas a seguir.

1. Atitudes valem mais que palavras

Liderança ágil não é apenas direcionar e promover mudança, é também sobre ser a mudança. Aqueles que lideram pelo exemplo e se envolvem ativamente em seu próprio desenvolvimento, inspiram as pessoas. Isto é através da ação e não das palavras. Como Gandhi disse: "Seja a mudança que você quer ver".

2. Resultados diferentes são conquistados com mudança de mindset

Como será que os líderes estão se desafiando para desenvolverem o *mindset* ágil? Líderes ágeis enxergam uma situação problema sobre vários ângulos, não se limitam às circunstâncias, são otimistas e buscam tirar as melhores lições de qualquer situação.

3. O feedback contínuo faz parte do processo evolutivo

O feedback é percebido como uma experiência e oportunidade de crescimento. Assim, os líderes ágeis solicitam e dão *feedbacks* significativos, úteis, honestos e respeitosos continuamente. Mais importante do que dar e oferecer os *feedbacks* é também avaliar a possibilidade de aplicar essas observações na prática verificando continuamente os resultados.

4. Pessoas precisam de significado e propósito para realizar seu trabalho

Líderes ágeis se dedicam em construir e compartilhar ações com propósito. Seu trabalho é alinhar os objetivos dos profissionais envolvidos na equipe, pautando-se em valores para assim obter resultados mais satisfatórios e significativos.

5. Respeito é a base para aumentar criatividade e inovação

Líderes ágeis inspiram os outros a trazerem seu melhor para o ambiente de trabalho. Inovação e criatividade dependem fortemente do respeito do líder ágil que encoraja, é aberto e transparente, enquanto espera o mesmo de outros.

6. A liderança deve incentivar o aprendizado contínuo

A liderança ágil deve disseminar o *mindset* de iniciativa e mudança permanentemente. Seu papel é desenvolver a capacidade de autoliderança das pessoas, viabilizando oportunidades para elas se desenvolverem continuamente.

7. Líderes ágeis promovem ações de empoderamento nas pessoas

Líderes ágeis reconhecem que as pessoas trabalham melhor quando elas são reconhecidas, engajadas e energizadas. Capacitar indivíduos é uma competência fundamental, necessária e contínua do líder ágil.

8. Líderes ágeis constroem comunidades baseadas em confiança, respeito e relações de trabalho significativas

Seu papel é fomentar um ecossistema que garanta os recursos necessários para as pessoas desenvolverem sua atribuição profissional, seus talentos, atuando com autonomia, eficácia e eficiência. O funcionamento saudável do grupo libera o líder ágil para incentivar a aprendizagem e o desenvolvimento, ao mesmo tempo em que equilibra a produção sustentável e o desempenho para garantir resultados efetivos na organização.

9. Grandes ideias vêm de todos os níveis da organização

Líderes ágeis acolhem as ideias do grupo, independentemente da posição do profissional. Mesmo que algumas ideias não sejam utilizadas, o líder ágil incentiva o fluxo contínuo de interação e criatividade.

Considerações finais

O líder ágil entende que a transformação ágil implica no alinhamento de todos os integrantes da organização com esse novo modelo de gestão. A maneira mais eficaz de materializar essas mudanças é sendo um líder facilitador e catalisador da mudança, dando voz às equipes, desenvolvendo um ambiente de confiança, de superação de resultados e celebração das conquistas alcançadas, para assim alcançar resultados exponenciais e manter a vantagem competitiva da sua organização.

Perguntas para reflexão:

Aprender é a única coisa de que a mente nunca se cansa,
nunca tem medo e nunca se arrepende.
Leonardo da Vinci

- Qual visão de futuro você tem de sua organização? Como ela precisa evoluir para se manter atraente ao mercado?
- Com que frequência você realiza reuniões de alinhamento, feedback (positivos e de melhoria) com sua equipe?
- Enquanto líder, você está alinhado com seus talentos, habilidades e orienta suas ações através de seus valores?
- O que os princípios de uma liderança ágil podem trazer de benefícios no seu trabalho?
- Quais práticas/mudanças você pode implantar na sua equipe para torná-la mais ágil?
- Como você gerencia o fluxo de trabalho da sua equipe para verificar se as diretrizes de planejamento estão sendo realizadas?
- O que você e sua equipe realizam diariamente que, se deixassem de realizar, tornaria o trabalho mais produtivo?
- Após esses insights e reflexões, quais serão suas atitudes para vivenciar a liderança ágil em seu cotidiano?

Referências

AGILE BUSINESS CONSORTIUM. *Culture and Leadership: The Nine Principles of Agile Leadership*. Disponível em: <https://www.agilebusiness. org/page/Resource_paper_nineprinciples>. Acesso em: 20 jul. de 2021.

AGHINA, W.; AHLBACK, K.; DE SMET, A.; LACKEY, G.; LURIE, M.; MURARKA, M.; e HANDSCOMB, C. *The five trademarks of agile organizations*Disponível em: <https://www.mckinsey.com/business-functions/organization/our-insights/the-five-trademarks-of-agile-organizations#>. Acesso em: 20 jul. de 2021.

SEJA um profissional ágil. *Revista Você/SA*. São Paulo: Grupo Abril, 2019.

SUTHERLAND, J. *SCRUM: A arte de fazer o dobro do trabalho na metade do tempo*. Rio de Janeiro: Sextante, 2019.

9

A FORMAÇÃO DO PROFISSIONAL DE RECRUTAMENTO E SELEÇÃO NA GESTÃO DE RH 4.0

A Gestão 4.0 evidencia a participação do profissional de recrutamento e seleção como protagonista de ações efetivas, levando em consideração todos os aspectos construídos em sociedade, para escolha da pessoa certa em um mundo diverso e complexo, considerando a competência em detrimento a preconceitos e estereótipos.

LUANA GRIGOLETI ROCHA

Luana Grigoleti Rocha

Mestranda profissional em Docência e Gestão Educacional pela Universidade Municipal de São Caetano do Sul (USCS), pós-graduação em Psicopedagogia Educacional pela Anhembi Morumbi e pós-graduação em Gestão de Recursos Humanos e Cálculos Trabalhistas pela Unopar. Graduada em Administração de Empresas, atuação em grandes empresas como Bridgestone Firestone, Net Serviços e BVMF Bovespa. Participação em projeto com a Junior Achievement, uma das maiores organizações de educação prática em empreendedorismo do mundo, que visa despertar o espírito empreendedor em jovens ainda na escola. Participação no processo socioeducativo na Fundação Casa. Atualmente é diretora de curadoria da ABPRH (Associação Brasileira de Profissionais de Recursos Humanos), docente no Senac Santo André, atua na orientação educacional de jovens aprendizes e docente na área de Gestão e Negócios. Faz mentoria de projetos de inclusão e diversidade. Na Anhanguera Educacional, é professora de MBA em Gestão de Pessoas.

Contatos
luana.rocha@uscsonline.com.br
Instagram: @luagrigo
LinkedIn: @luanagrigoleti
11 99951-8515

A Gestão de RH 4.0 explana a complexidade do atual mercado de trabalho, considerando a agilidade das mudanças de processos, tecnologias e incertezas. Bob Johansen criou a sigla VUCA – do inglês, *volatility, uncertainty, complexity, ambiguity* – ou seja, Volatilidade, Incerteza, Complexidade e Ambiguidade. O termo que surgiu nos meios militares pós-Guerra Fria devido a todas as mudanças que ocorriam no período.

O mercado tradicional até então selecionava profissionais que apresentavam submissão, disciplina e devoção ao trabalho. Cristophe Dejours (1986) observou o medo em situações nas quais o trabalhador tem seu trabalho fragmentado, sem a visão do todo. Como consequência, organizações conseguiram o aumento da sua produtividade.

O processo de recrutamento e seleção iniciou-se nas indústrias de maneira improvisada. Enormes filas em frente das indústrias, as escolhas eram feitas de forma subjetiva, a Revolução Industrial elevou a rotatividade de pessoal. De acordo com Chiavenato (2006, p. 50), "saber até que nível de rotatividade de pessoal uma organização pode suportar sem maiores danos é um problema que cada organização deve avaliar segundo seus próprios cálculos e bases de interesses". Manter funcionários torna-se fator de eficiência, e não uma valorização dos seus atributos.

Em outro contexto, profissionais da Gestão 4.0 recebem novos desafios – o termo gestão por competências não é novidade dentro das organizações, resgata-se a práxis da pirâmide de Maslow, considerando sua individualidade em busca de resultados para a empresa.

No cenário atual, considera-se um mercado pós-pandemia do novo coronavírus. Empresas agilizaram processos e tecnologias, precisaram lidar com uma gestão para a busca de resultados. Características como mentalidade estratégica, visão do todo, pensamento crítico, construção de parcerias entre colaboradores com as empresas são os diferenciais nesse momento. É a praxis do Mundo VUCA e todos os aspectos que o definem.

A identificação de cargos que podem ser substituídos por robôs, exigindo a contratação de pessoas distinguindo comportamentos não encontrados na automação.

Empresas de todo o país se adaptaram ao home office devido ao isolamento social imposto durante o estado de calamidade pública. Em um trabalho solitário e protagonista, a visão sistêmica é uma vantagem competitiva para qualquer organização.

Considerando as novas necessidades de habilidades comportamentais como diferencial no mercado, os atuais processos seletivos estão sendo eficientes? Será utopia ter processos seletivos justos em uma sociedade de injustiça e preconceito? Como a análise das habilidades comportamentais pode ser prejudicada em um processo seletivo, reflexo de uma sociedade com muitos estereótipos e discriminações?

Para Bauman, "para que a utopia nasça, é preciso duas condições. A primeira é a forte sensação (ainda que difusa e inarticulada) de que o mundo não está funcionando adequadamente e deve ter seus fundamentos revistos para que se reajuste. A segunda condição é a existência de uma confiança no potencial humano à altura da tarefa de reformar o mundo, a crença de que nós, seres humanos, podemos fazê-lo. Crença esta articulada com a racionalidade capaz de perceber o que está errado com o mundo, saber o que precisa ser modificado, quais são os pontos problemáticos e ter força e coragem para extirpá-los. Em suma, potencializar a força do mundo para o atendimento das necessidades humanas existentes ou que possam vir a existir."

Nesse processo, é necessário compreender alguns pontos problemáticos já respaldados pela Constituição de 1988 no que diz respeito às leis trabalhistas. De acordo com o Art. 5, "Todos são iguais perante a lei, sem distinção de qualquer natureza, garantindo-se aos brasileiros e aos estrangeiros residentes no País a inviolabilidade do direito à vida, à liberdade, à igualdade, à segurança e à propriedade, nos termos seguintes: I - Homens e mulheres são iguais em direitos e obrigações, nos termos desta Constituição".

No entanto, os relatos de profissionais em redes sociais como o LinkedIn revelam que o mercado de trabalho tem sido preconceituoso nos processos seletivos. Mulheres são sabatinadas desde o seu estado civil, sua idade e sua maternidade. Perguntas em entrevistas de seleção a mulheres constantemente efetuadas: Você namora? Você pretende engravidar? Faltaria ao trabalho se o filho ficasse doente? Considera-se que a construção social da mulher no mercado de trabalho exclui a maternidade como se ela fosse contraproducente a resultados esperados.

86 | Gestão do RH 4.0

Em relação à discriminação religiosa, ainda no Art. 5, "Ninguém será privado de direitos por motivo de crença religiosa ou de convicção filosófica ou política, salvo se as invocar para eximir-se de obrigação legal a todos imposta e recusar-se a cumprir prestação alternativa, fixada em lei". A exigência do *dress code* impecável averiguado, conforme a empresa, considera os comportamentos profissionais de todos os aspectos religiosos? Quanto às questões raciais, de acordo com o Art. 7, "Proibição de diferença de salários, de exercício de funções e de critério de admissão por motivo de sexo, idade, cor ou estado civil". De acordo com um levantamento do Instituto Ethos (2016) com as 500 maiores corporações no Brasil, somente 5% delas são dirigidas por pretos, em um país que mais da metade população é preta.

A responsabilização do Recrutamento e Seleção, mesmo como prática ilegal, é comum encontrar sites de busca vagas cuja descrição exige necessidade de boa aparência – fortemente relacionada aos padrões de pele branca e olhos claros.

Quanto ao estado civil, a discriminação também ocorre. Embora a Constituição também proíba a diferença de salários por motivo de sexo ou estado civil, mulheres brasileiras ainda têm a percepção, na jornada de busca por empregos, da clara diminuição de engajamento em processos seletivos após alterar seu estado civil para casada ou divorciada no currículo.

Além disso, a idade é contradição com fatores de exclusão para o jovem que sofre com a falta de experiência exigida. A Consolidação das Leis do Trabalho - CLT, inclui no art. 442-A por meio da Lei 11.644 de 10 de março de 2008, que os empregadores não podem exigir, para fins de contratação, mais de seis meses de experiência do candidato a emprego. Porém, vagas são diariamente divulgadas pelos recrutamentos com exigência de experiência de anos.

O artigo 428 da CLT, modificada pela Lei n° 10.097/2000, define o contrato de aprendizagem como sendo um "contrato de trabalho especial, ajustado por escrito e por prazo determinado, em que o empregador se compromete a assegurar ao maior de catorze e menor de dezoito anos, inscrito em programa de aprendizagem, formação técnico-profissional metódica, compatível com o seu desenvolvimento físico, moral e psicológico, e o aprendiz, a executar, com zelo e diligência, as tarefas necessárias a essa formação".

De acordo com a Organização Internacional do Trabalho (OIT), conforme Convenção n° 60, "a aprendizagem é o meio pelo qual o empregador se obriga, mediante contrato, a empregar um menor, ensinando-lhe ou fazendo com que lhe ensinem metodicamente um ofício, durante período determinado, no qual o aprendiz se obriga a prestar serviços ao empregador". Muito além das exigências de processos complexos para o jovem aprendiz, que não teve nenhum acesso ao mercado de trabalho, espera-se, inicialmente, que o aprendiz faça a interpretação de signos que a tradição exige, como o aperto de mão firme, assim como tenha a habilidade para contar sua história de vida.

Nesse contexto, também se faz necessário analisar o profissional com mais de 40 anos que tem as exigências do mercado, diversas habilidades técnicas e comportamentais, mas sofre com a exclusão do mercado.

Sob outra perspectiva, reside a questão da privacidade dos candidatos. Em relação à violação à intimidade e à vida privada – normalmente nas entrevistas (art. 5º, inciso X, da CF-88)"são invioláveis a intimidade, a vida privada, a honra e a imagem das pessoas, assegurado o direito a indenização pelo dano material ou moral decorrente de sua violação". Referente à violação à intimidade, diversos processos seletivos são conduzidos com apresentação em público para grupos com perguntas como: Quanto você ganhava no seu último emprego? Sua casa é própria ou alugada? Perguntas de foro íntimo são feitas para as mulheres em diversos aspectos das entrevistas.

É necessário avaliar a prática de pesquisas sobre os candidatos em órgãos de proteção ao crédito, em abertura de processos trabalhistas. A prática se faz tão comum que profissionais vítimas de abusos muitas vezes não tomam providências com receios da não recolocação após pesquisas – o medo como fator motivacional de produção, assim como na era industrial, ainda se faz presente.

Um profissional que recorre à Justiça para valer seu direito se torna desqualificado. Busca-se um profissional do futuro, mas as práticas são as mesmas do século passado.

A exclusão real de profissionais nos processos é entendida como prática de mercado, tradição, justificativas, sem trazer ao debate a busca por novas práticas presentes. Essas práticas inseridas desde a Revolução Industrial atendem à necessidade de um mercado que busca ser disruptivo e atual? Quantos perfis comportamentais são?

Quando às questões de orientação sexual, o cenário é ainda pior. De acordo com a pesquisa executada pela Human Rights Campaign, em torno de 62% das pessoas recém-graduadas na universidade que são lésbicas, gays e bissexuais se autodefinem heterossexuais quando entram para o mercado de trabalho. As pessoas transexuais entram em um cenário muito mais crítico e praticamente inacessível, totalmente excluídos da participação de processos seletivos.

O mercado tradicional industrial foi formado por profissionais que apresentavam grande submissão, disciplina e devoção ao trabalho. Já a

88 | Gestão do RH 4.0

necessidade de profissionais escancara a necessidade de outras características durante a epidemia do novo coronavírus, o foco em resultado, visão generalista dos que constroem em parceria com as empresas. O profissional de Recrutamento e Seleção na Gestão de RH 4.0 precisa agir nas intervenções necessárias com a desconstrução de paradigmas implantados nas práticas anteriores aceitas no mercado de trabalho. As habilidades comportamentais são verificadas com diligência em uma escuta empática.

Na atuação de recrutamento e seleção, é necessário a busca da informação, de todos os preconceitos vigentes na sociedade, visto que a falta de informação ou mesmo não aceitação da complexidade distorce conceitos. Ao contemplar as diversidades, estudar os diversos candidatos excluídos devido a discriminação tendem a trazer resultados significativos para qualquer empresa.

O profissional de Recrutamento e Seleção da Gestão de Pessoas 4.0 procura aprendizado constantemente, sugere intervenções, propõe contribuições na busca de formas inovadoras, combate o preconceitos em linha de frente. O recrutamento às cegas no Brasil já tem sido feito com tentativas tímidas em algumas empresas como Cargill, Danone, Nubank e Votorantim Cimentos.

Quantas novas formas inovadoras de seleção devem ser criadas para tratativas de diversas discriminações?

Empresas que se denominam disruptivas e inovadoras não podem falhar nesses aspectos e, em termos de resultados, esses aspectos passam a ser fator relevante para a construção da marca da empresa. O valor passa a ser todas as ideias à empresa associada, tudo passa a fazer parte do Branding da empresa.

No resgate da utopia, conforme Bauman, "racionalidade capaz de perceber o que está errado com o mundo, saber o que precisa ser modificado". Para essa, reflexão, é necessário avaliar todas essas tratativas. A evolução do mercado de trabalho na Gestão 4.0 passa pelo profissional de Recrutamento e Seleção, que permite, através de intervenções, um processo criativo, inovador de gestão que não exclui pessoas, considera a complexidade, ambiguidade de um mercado e sociedade em constante desenvolvimento, considerando individualidades e alterando processos e engessamentos.

Referências

BAUMAN, Z. Para que a utopia renasça é preciso confiar no potencial humano. *Revista Cult*. Disponível em: <http://revistacult.uol.com.br/home/entrevista-zygmunt-bauman>. Acesso em: 01 abr. de 2021.

BRASIL. *Consolidação das Leis do trabalho*. Decreto-lei nº 5.452, de 1º de maio de 1943. Aprova a Consolidação das Leis do Trabalho. Disponível em: <http://www.planalto.gov.br/ccivil_03/decreto-lei/del5452.htm>. Acesso em: 20 jul. de 2021.

BRASIL. *Constituição da República Federativa do Brasil de 1988*. Promulgada em 05 de outubro de 1988. Disponível em: <http://www.planalto.gov.br/ccivil_03/constituicao/constituicao.htm>. Acesso em: 20 jul. de 2021.

CHIAVENATO, Idalberto. *Planejamento, recrutamento e seleção de pessoas: como agregar talentos à empresa*. 6. ed. São Paulo: Atlas, 2006.

DEJOURS, Christophe. *A loucura do Trabalho: estudo da psicopatologia do trabalho*. 3. ed. São Paulo: Cortez-Oboré,1987.

INSTITUO ETHOS. *Diferença entre negros e não-negros no mercado de trabalho persiste*. 2016. Disponível em <https://www.ethos.org.br/cedoc/diferenca-entre-negros-e-nao-negros-no-mercado-de-trabalho-persiste/>. Acesso: em 01 abr. de 2021.

MIGUEL, Sylvia.Preconceitos e estereótipos impactam progresso da mulher na ciência. *Jornal USP*. Disponível em: <https://jornal.usp.br/universidade/preconceitos-e-estreotipos-impactam-progressao-da-mulher-na-ciencia/>. Acesso em: 01 abr. de 2021.

MARTINS, S. A aprendizagem e as modificações da lei nº 10.097/2000. *Revista Igualdade*. Ministério Público do Paraná. Disponível em: <http://crianca.mppr.mp.br/pagina-607.html#:~:text=Reza%20a%20Recomenda%C3%A7%C3%A3o%20n%C2%BA%2060,a%20prestar%20servi%C3%A7os%20ao%20empregador>. Acesso em: 01 abr. de 2021.

10

A INFLUÊNCIA DA LIDERANÇA SOBRE A MOTIVAÇÃO DE SEUS COLABORADORES

Nos dias atuais, as empresas, em busca do diferencial, têm caracterizado gestores como líderes, priorizando aqueles que possuam ampla visibilidade estratégica, perfil de habilidade de direcionamento e liderança a partir de situações adversas. Dessa forma, o presente trabalho visou analisar e discutir a função dos líderes organizacionais como fator primordial para a motivação dos colaboradores. Esta pesquisa é de cunho bibliográfico e seu método é o qualitativo, pois esse método mede melhor a visão e a concepção do contexto do problema. Assim, esta pesquisa mostra sua relevância em relação à motivação dentro do ambiente de trabalho, bem como os requisitos que a ela estão envolvidos, apontando para a importância de um líder que faça esse intercâmbio entre funcionários e direção, assim como oferecerá um suporte fundamentado para que os gestores possam conhecer melhor sua equipe, seus anseios, tanto o que motiva e, principalmente, o que causa desmotivação dentro de um determinado grupo, para que possa conseguir alcançar resultados positivos e satisfatórios.

MARILIA NUNES DE SOUZA OLÍMPIO

Marilia Nunes de Souza Olímpio

Líder servidora e apaixonada pelo aprendizado contínuo. Tem como missão e propósito de vida "inspirar pessoas a sonharem e aprenderem, ajudando a construir um mundo melhor". Profissional com mais de 14 anos de experiência nas áreas PCP, Logística, Licitações e Compras em instituições e empresas nacionais e multinacionais de grande porte como Exército Brasileiro, Whirlpool Corporation, Showa do Brasil e Samsung. Professora e facilitadora do conhecimento da Universidade Estácio do Amazonas. MBA em Liderança e Gestão Para Alta Performance. MBA em Logística Empresarial ESAB. Especialização em Engenharia de Produção Graduação em Administração Inglês intermediário. Responsável pelo gerenciamento de pessoas do setor de logística; controle de estoque e armazenagem; planejamento de movimentações internas, distribuições entre fábricas e varejo; aplicação de métodos e técnicas de proteção, conservação e controle de todos os produtos disponíveis em estoque; administração de compras de materiais essenciais; realização de orçamentos com fornecedores para diversas áreas; negociação com fornecedores; planejamento e controle de produção; coordenação e execução dos processos de licitações; utilização de sistemas integrados e utilização do SAP.

Contatos
marilia.showa@gmail.com
Instagram: @mariliaolimpio
92 98101-0886

> *Qualquer pessoa pode seguir um caminho,*
> *mas só um líder é capaz de iluminá-lo.*
> Maxwell, John C.

Introdução

Sabendo que liderança é o ato de influenciar pessoas para trabalharem de forma motivada, cooperativa e colaborativa, agir pensando sempre no coletivo é a melhor saída para o bom líder manter o equilíbrio dentro de uma empresa. O primeiro e importantíssimo passo é assumir seus erros – não se pode atribuir aos outros aquilo que é de sua responsabilidade ou nunca conseguirá o respeito e a colaboração de seus parceiros de trabalho.

De acordo com o trabalho publicado na Harvard Business Review por Goleman (2015), o qual fala sobre liderança e inteligência emocional como fatores essenciais para a formação de um bom líder, destaca-se que "Líderes motivados e autoconscientes conhecem suas limitações e forças e se sentem à vontade conversando sobre elas, com frequência demonstrando avidez pela crítica construtiva". A esta se deve boa parte do sucesso de um líder, aqui demonstra-se a capacidade de liderança que o ser humano possui. A capacidade de se colocar no lugar do outro, de assumir suas fraquezas e transformá-la em algo que sirva de motivação para si e para os outros.

Nesse sentido, Leite (2018) afirma que o papel da motivação vem se tornando cada vez mais importante em função da produtividade, pois o colaborador que se sente motivado para realizar suas tarefas proporciona melhores resultados para a organização, fato que hoje é almejado com maior frequência, uma vez que o mundo dos negócios se torna mais competitivo a cada ano.

Diante disso, pode-se afirmar que a satisfação dos empregados, bem como sua motivação, corroborará com um resultado positivo e melhor produtividade. É evidente que a valorização corporativa faz toda a diferença no mundo dos negócios, seja ela de que natureza for, pois os colaboradores, quando são comprometidos, podem surpreender seus chefes, ajudando a solucionar problemas e a resolver os conflitos.

Diante do supracitado, as empresas buscam investir em ideias que visem a melhoria, a satisfação e o bem-estar de seus funcionários, tudo para que se sintam acolhidos e bem tratados, devolvendo isso à empresa em resultados positivos e satisfatórios, de forma organizada e lucrativa. Investir na saúde e segurança é a melhor forma de atrair a atenção e o bom funcionamento dos colaboradores, pois, de acordo com os especialistas das organizações, onde há um local de trabalho saudável, haverá muito mais rendimento.

Dessa forma, busca-se no presente trabalho analisar e discutir a função dos líderes organizacionais como fator primordial para a motivação dos colaboradores.

A motivação e sua importância no ambiente de trabalho

É fato que as organizações estão em constantes mudanças, tanto externas quanto internas. O desafio da liderança é criar mudança e facilitar o crescimento. Isso exige movimento, que, como logo você verá, é inerente na subida de um nível de liderança ao outro. Por isso, é fundamental que a organização tenha um líder experiente e que saiba perceber e prevenir possíveis problemas, além de buscar a todo instante manter a motivação de seus colaboradores (MELLO, 2018).

Sobre o papel de um "bom" líder, o autor Oliveira (2015), afirma que, "a motivação é o pensamento que se transforma em atitude. Para este autor, a motivação não só é capaz de gerar maior produtividade, como também inspiração. O líder organizacional tem papel fundamental nesse processo, pois dando ao funcionário a liberdade e a oportunidade de ser mais participativo no processo de melhorias da empresa, isso o tornará mais motivado, criativo e produtivo.

Um Líder de sucesso entende que, na verdade, o único poder que ele pode usar para cultivar uma equipe de qualidade é o poder da persuasão. Se você quer funcionários, então aja como um chefe; mas se você quer membros da equipe, explique por que você faz o que faz. Além disso, nunca esqueça: jamais lidere por meio de ameaças e do medo. (DAVE, RAMSEY-Líder Empreendedor, 2014).

Em seu livro 5 níveis da Liderança, o autor John Maxwell destaca que "liderar é paixão, e liderança é influência." Na sua percepção, se as pessoas podem aumentar sua influência em outras pessoas, podem liderar mais eficazmente, ou seja, liderar melhor o ajudará a atingir seus objetivos. Em um de seus trabalhos, o autor Goleman (2015) destaca a importância da inteligência emocional e afirma que ela continua ainda mais importante no mercado de trabalho do que no período da década de 1990. Sem liderança, a organização pode ficar à deriva e o final sempre será catastrófico, então é muito importante frisar o papel do líder organizacional para que a empresa tenha mais chance de dar certo, pois estará mais próxima de seus funcionários – que, na grande maioria do tempo, sentem-se distantes da liderança, bem como sentem que não fazem parte do processo como um todo, sendo meros reprodutores de ordens e cumprimento de funções.

Dessa forma, no mundo coorporativo dificilmente alguém terá sucesso sozinho. Todos precisamos sempre de alguém, e nesse cenário não é diferente. Uma empresa é formada por equipes e, certamente, essas equipes precisam de um líder que as oriente, que tome as decisões e que juntos busquem o melhor jeito de alcançar seus objetivos, bater suas metas.

Motivar-se significa levar uma pessoa à ação, então o mundo corporativo precisa de alguém que tenha esse tipo de iniciativa e é isso que as empresas estão buscando: líderes capazes de levar seus companheiros a alcançar os objetivos traçados. Da mesma forma, os corporativistas buscam nesse líder alguém que possa representá-los diante de seus superiores e assim conseguir suas melhorias trabalhistas, pois a motivação é um ponto de reciprocidade.

Um clima saudável, um lugar de prazer, o respeito ao próximo e entender que os meus direitos terminam onde começam os dos meus colegas faz com que tudo aconteça de forma mais amena e mais produtiva. Não se pode esquecer que todos temos direitos e obrigações a cumprir. Dessa forma, é muito importante fazer essa identificação, saber como anda o nível de satisfação dos empregados – que são o elo mais importante na engrenagem do mundo corporativo. Se as pessoas estão se sentindo insatisfeitas, com certeza não haverá rendimentos, consequentemente, terá baixa nos lucros, ou seja, a empresa tende a ter perdas.

Assim, buscar um entendimento onde empresa e servidores alcancem seus objetivos, tudo ocorrerá da melhor forma possível. Ter alguém que faça esse elo de ligação é sair a frente de um problema e a chave para solucionar os que virão.

O objetivo da pesquisa é analisar e discutir a importância do líder como fator primordial para a motivação no ambiente de trabalho organizacional. Esta pesquisa é de cunho bibliográfico e seu método é o qualitativo, pois este método mede melhor a visão e a concepção do contexto do problema (MALHOTRA, 2012).

Discussão dos resultados

Mostrar-se-ão aqui, por meio de tabelas, dados produzidos por Leite (2018), para que fique ainda mais embasado o que foi relatado e coletado como resultado da pesquisa. O que pode causar motivação e desmotivação dos colaboradores dentro de uma empresa mediante suas lideranças?

Sob essa perspectiva, Souza e Anjos (2017) afirmam que as empresas, na busca do diferencial, têm caracterizado gestores como líderes, priorizando aqueles que possuam ampla visibilidade estratégica, perfil de habilidade de direcionamento e liderança a partir de situações adversas. Isso mostra que o papel do líder organizacional é fundamental, pois através de diversas ações e condições ideais de trabalho, o colaborador se sente mais motivado para exercer suas funções de forma mais efetiva e eficaz.

Nas tabelas 1 e 2 é possível perceber alguns pontos relevantes que também foram apresentados pelos colaboradores sobre os aspectos mais agradáveis e desagradáveis dentro das organizações, os quais contribuem diretamente para a motivação ou desmotivação dos funcionários.

Tabela 1 - Aspectos agradáveis.

Principais aspectos agradáveis	
Poder de dar opinião	O contato direto com os clientes
Salário bom a pontual	Trabalhar fazendo o que gosto
Amizade, convívio com os colegas de trabalho e ambiente e clima de trabalho agradáveis	Obter o reconhecimento por realizar tarefas difíceis; ter prazer em realizar a atividade
Atender bem os clientes; satisfazer suas necessidades, construindo vínculo de amizade e fidelização	Superar tarefas difíceis, trabalhos diferentes, complicados e atingir metas
Receber elogios dos clientes ou proprietários	Trocas de experiências; não exige esforço físico
Seriedade da empresa, bastante tempo de mercado	Obter desenvolvimento pessoal
Possuir uma gerência competente	Empresa familiar; há respeito

Fonte: Leite (2018).

Tabela 2 - Aspectos desagradáveis.

Principais aspectos desagradáveis	
Acumular funções	Falta de uniformes e ferramentas
Falta de reuniões e treinamentos	Falta de atitude de chefes e colegas de trabalho para resolver problemas
Cobranças indevidas	Metodologia antiga, é preciso se atualizar de acordo com a demanda do mercado
Movimentos repetitivos	Falta de organização
Falta de companheirismo, de responsabilidade	Desmotivação, cobranças exageradas, ameaças no trabalho
Ouvir reclamações de clientes por falta de peças	Estresse, muita cobrança e pouco reconhecimento mesmo quando se atinge a meta
Ter um funcionário exclusivo para entrega de peças para a oficina	Preço alto
Escassez de funcionários	Pagamento de salário desproporcional à função desempenhada
Falta de modernização	Não cumprir com os horários

Fonte: Leite (2018).

Dessa forma, é perceptível que, de acordo com vários especialistas, o papel do líder é essencial para a melhoria dos pontos fracos existentes dentro das empresas. Em todos os sentidos, ele deve estar atento às mudanças e nas diversas situações que ocorrem no ambiente instável de trabalho, tais como: na disputa de interesses, nas intrigas e desafetos, assim como na cooperação e trabalho de equipe, tendo como principal função juntar as necessidades individuais e grupais com as necessidades e interesses da empresa (ANTUNES, 2013).

Considerações finais

Ao analisarmos um ambiente de trabalho, objetiva-se identificar algo muito importante, que é a qualidade de vida neste lugar, pois a motivação está intimamente ligada a isto. Logo, se o ser humano trabalha em um local saudável — digo isto em vários aspectos — o trabalhador tende a render mais, a se dedicar mais e a realizar suas atividades com mais prazer e afinco, consequentemente isto gera mais rendimento dentro do ambiente analisado.

Outro fator muito importante que foi identificado com este estudo e precisa ser ressaltado e nunca esquecido, pois este é de suma importância para o crescimento de todos dentro de uma empresa, é a qualificação profissional. Os dirigentes que investem em aperfeiçoamento profissional de seus servidores com certeza só têm a ganhar, pois o ambiente de trabalho torna-se muito mais prazeroso, sem esquecer a sensação de valorização que o trabalhador passa a sentir, tornando-se cada vez melhor no que faz ou no que lhe é proposto a fazer.

Assim, esta pesquisa mostra sua relevância a respeito da motivação dentro do ambiente de trabalho, bem como os requisitos que a esta estão envolvidos, apontando para a importância de um líder que faça esse intercâmbio entre funcionários e direção. Assim como oferecerá um suporte fundamentado para que os gestores possam conhecer melhor sua equipe, seus anseios, tanto o que motiva e principalmente o que causa desmotivação dentro de um determinado grupo, para que possa conseguir alcançar resultados positivos e satisfatórios.

Referências

ANTUNES, A. V.; SANT ANNA, L. R. *Satisfação e Motivação no Trabalho do Enfermeiro. Revista Brasileira de Enfermagem.* Brasília. v.49, n.3, p. 425-434, Jul/Set, 2016.

BARROS, F. C. *Motivação e satisfação no trabalho dos servidores técnicos administrativos em educação.* [manuscrito], 2015.

GOLEMAN, D. *Liderança: a inteligência emocional na formação do líder de sucesso.* Tradução: Ivo Korytowski. 1. ed. Rio de Janeiro: Objetiva, 2015.

LEITE, C. E. et al. *A motivação no ambiente de trabalho: um estudo de caso na feira dos importados.* Congresso Nacional de Excelência em Gestão. 2018.

MAXWELL, J. C. *O livro de ouro da liderança: o maior treinador de líderes da atualidade apresenta as grandes lições de liderança que aprendeu na vida.* Tradução: Omar Alves de Souza. Rio de Janeiro: Thomas Nelson Brasil, 2008.

MELLO, N. *A influência da motivação e ambiente de trabalho no clima organizacional: O caso de um Centro Administrativo de Farmácias.* II Simpósio Internacional de Inovação em Cadeias Produtivas do Agronegócio. 2018.

OLIVEIRA, J. C. P. Análise dos níveis de motivação de funcionários no trabalho: estudo de caso em uma empresa do ramo siderúrgico. *Revista Eletrônica Gestão & Saúde*, v. 6, 2015.

RAMSEY, D. *Líder empreendedor*. Tradução: Ivar Panazzolo Júnior. Ribeirão Preto: Novo Conceito Editora, 2014.

SOUZA, V. A.; ANJOS, M. A. A motivação no ambiente de trabalho - um estudo na Loteadora Constrói em Monte Carmelo - MG. *Getec*, v. 6, n.12, p.87-98/2017.

11

GESTÃO DE PESSOAS E A NEONORMALIDADE

Ressignificar. Reestabelecer conexões por propósito. A busca pelo Ikigai. Exercer gratidão, altruísmo, propósito e legado.

MAURICIO CHIESA CARVALHO

Mauricio Chiesa Carvalho

Administrador com carreira ascendente e mais de 15 anos de experiência em todos os subsistemas de RH como gerente de Recursos Humanos, generalista/DHO Estratégico Corporativo e docente com ampla vivência na área de Gestão de Pessoas/RH (Profissional e Acadêmica), atuando como responsável por todos os subsistemas/processos de RH (criação/procedimentos/melhoria/estruturação). Administrador em marketing, MBA em Gestão Empresarial, pós-graduações em Direito e Processo do Trabalho, Psicologia Organizacional e do Trabalho, Pedagogia Empresarial e Educação Corporativa. Cursando formação em Psicanálise. Atualmente, *head* de Recursos Humanos e Responsabilidade Social da Tamarana Tecnologia; docente; consultor; membro; e Conselheiro da Academia Europeia da Alta Gestão.

Contatos
mauricio@mauricio.adm.br
LinkedIn: @mauríciochiesacarvalho

Eis o novo normal. Eis a neormalidade

A cada experiência, a cada momento, temos a oportunidade de vivenciar coisas novas. Altruísmo, inteligência espiritual e emocional. Falar de *hard skills* como habilidade no âmbito da tecnologia da informação é clichê. É um processo natural – e necessário. Contudo, estarmos verdadeiramente ligados a um propósito, prezando pelo verdadeiro interesse no bem coletivo, nos libertando de estados egoístas são os fatores que farão a diferença. Estes "softskills" o tech jamais vai substituir. Ou seja, O Touch sempre estará presente. Quando temos tais habilidades, conseguimos enxergar nosso propósito e nossa missão. Além disso, ter claro nosso **ikigai** nos ajuda a definir– e muito – nossas animosidades. Essa essência, que pode parecer simplista, mas é muito profunda, é o que diferenciará.

O *tech* nunca substituir o *touch*. Verdadeiras lideranças saberão usar a tecnologia para agregar valor na sua gestão e jamais para substituir o papel humano da liderança. O coração. A alma. Para mim, sempre estará em voga o pensamento de Jung: "Conheça todas as teorias e domine todas as técnicas, mas ao lidar com uma alma humana, seja apenas uma alma humana."

Termos procedimentos implementados, os quais garantem a estabilidade e racionalidade do processo decisório. Então, a tecnologia contribui aqui. Mas a definição dessa **alma** é do ser humano.

Mas afinal, o que é o Novo Normal/Neonormalidade? Trata-se de um momento único de ressignificar práticas por meio de ações altruístas, visando encontrar nosso **ikigai** e resgatar conceitos humanos, sociais e espirituais, sejam em pessoas ou organizações. O legado disso é uma sociedade muito mais leve, justa e saudável. E o que seria saudável? De acordo com a definição da OMS (1947), saúde é "um estado de completo bem-estar físico, mental e social e não apenas a ausência de doença ou enfermidade".

Poderia ser momento alfa, beta ou gama. Contudo, traz a junção de palavras que remetem a um novo momento, juntamente com um viés positivo do que é normal ou consuetudinariamente aceito. Então, a partir de agora, positivo, leve, adequado.

O senso comum considera o conceito de normalidade quando aquele padrão estabelecido, de alguma forma, garante sobrevivência e proteção daqueles que fazem parte. Quando a sobrevivência e a proteção ficam ameaçadas, já não consideramos algo como normal.

Mas toda mudança deixa de ser novidade e, em pouco tempo, os novos desafios criam outros problemas, os quais começam a criar outras insatisfações. É a necessidade da autorrealização ou a busca das necessidades secundárias (ou motivadoras). Todavia, se o motivo é interno, como fazer?

É impossível voltar ao passado. Tudo e a todo tempo muda. Essas mudanças podem ser inquietantes, dolorosas e desafiadoras. Porém, nenhum profissional deveria se agarrar ao passado, pois de acordo com o pensamento de Heráclito de Éfeso, 535-475 a.C., "Nada existe de permanente, exceto a mudança."

Muito além das competências – vulgo CHA (conhecimento, habilidade e atitudes) –, são necessários o altruísmo e a inteligência espiritual e emocional para deixar seu legado. Também entendo que as **neocompetências** (COELHO) farão a diferença.

Entre as neocompetências, a autenticidade merece destaque. Ser autêntico é ser você mesmo e, consequentemente, todos reconhecerem isso – especialmente para a figura de um líder. Não apenas pelo carisma, mas pela sabedoria e pela postura igualitária. A sociabilidade também é fundamental – ter condições assertivas de conviver em tribos, culturas e pontos de vistas diferentes. É saber respeitar. E, acima de tudo, sob o ponto de vista altruísta, é devolver algo para o mundo que seja lembrado. É formar pessoas e ter o compromisso com seu desenvolvimento.

Entendendo esse seu **propósito** de liderança, o líder deixará seu legado, que será a sua assinatura de credibilidade. E tal legado será (ou não) a prova real da verdadeira existência de um líder. Afinal, ter credibilidade é poder explicar o que fez, por que fez e como fez para quem quer que seja, além de servir de modelo.

Muito além do *design thinking*, se faz necessária a real assimilação da cultura de uma empresa. Parece óbvio, mas precisa ser dito. Assim, entre as seis etapas do processo de aplicação do D.T., estão a Empatia, Definição, Ideias/Alternativas, Prototipagem, Teste e Implementação. Observe que a **empatia** é o primeiro passo. A ferramenta pode contribuir de maneira racional e efetiva na implementação de Kaizens e Kaikacos, contribuindo até mesmo para uma ação disruptiva do status quo.

Porém, para que ele seja usado em sua plena essência, se faz necessário significar o instrumento, considerando os aspectos da cultura organizacional. Se ele for apenas usando no padrão "modinha" como em muitas organizações o fazem, ele não apenas não funcionará, como também será um "peso morto" e um entrave para a fluidez da organização. Não é por acaso que a **empatia** é o primeiro passo.

Então, que essa empatia seja utilizada também para perceber como as pessoas percebem a cultura e se esta cultura está apta a receber tal abordagem, para ela seja perene.

Estar em paz consigo mesmo. Isto é o resultado de uma equação de paz de espírito, genuíno altruísmo e, principalmente, a satisfação de um propósito com consequente legado. Contudo, é importante definir o que é "feliz": um adjetivo de dois gêneros, que remete a ser favorecido pela sorte; ditoso, afortunado, venturoso cujos desejos, aspirações, exigências etc. foram atendidos ou realizados; contente, satisfeito. Assim, então, uma pessoa "feliz" possui um estado de felicidade.

O óbvio precisa ser dito, porém muita gente ainda acredita que salário é determinante na relação de atratividade, manutenção ou engajamento. Será?

A grosso modo, antes de tudo e até de maneira simplista, precisamos unificar o entendimento. Recompensa é um substantivo feminino que remete a favor, presente com que se mostra reconhecimento por um obséquio, por uma boa ação; retribuição, prêmio. Ou, ainda, aquilo que se concede ou obtém como reparação ou compensação de um prejuízo, perda, ofensa etc.; compensação, restituição, indenização.

Além disso, "recompensar" vem do verbo compensar. O mesmo que: equilibra, indeniza, abalança, contrabalança, iguala, gratifica, recompensa. Então, entendendo esta ótica primária, podemos avançar no seguinte entendimento: Recompensa seria a soma da Remuneração (contrato formal) + Aspectos da Identidade para com o trabalho (contrato psicológico).

De acordo com Chiavenato (2001), sobre Subsistemas de RH, a parte que cabe a remuneração está em manter pessoas. Seria uma visão mais material e clássica que, para manter a pessoas, devemos remunerá-las?

Por outro lado, sob a ótica de processos de Gestão de Pessoas, temos um "processo de recompensar" separado de manter. Já seria um indicativo que não apenas aspectos remuneratórios mantêm as pessoas, como também as recompensas.

Na escola clássica da administração, o chamado "home econômicus" trocava sua força de trabalho pelo pagamento de certa quantidade de dinheiro, popularmente conhecido como salário, que é originário do grego, "halls" (sal). Com o passar do tempo, o pagamento financeiro deixou de ser apenas o único atrativo, e muitas vezes nem o principal. Aspectos como recompensas emocionais, que vão desde liderança a qualidade de vida no trabalho, somados à percepção do clima organizacional e atenção à saúde mental e emocional passaram a ser determinantes chaves de um maior desempenho. Interessante ressaltar que a presença destes contribui para uma maior motivação e a ausência, de um lado contrário, gera adoecimento, frustrações e afastamento por doença e depressão, inclusive com nexo ou agravo ao trabalho (B91). Infelizmente, isso tende a aumentar, considerando os recentes entendimentos da OMS, OIT e países signatários em relação ao Burnout.

Algumas pesquisas sugerem que o funcionário deve se sentir bem e motivado em uma organização para que ele consiga progredir em sua carreira, aprendizado e desenvolvimento. A natureza das atividades, um ambiente de trabalho desafiador e o conteúdo enriquecedor da função também são levados em conta. A remuneração apareceu só na quarta posição.

Tais reconhecimentos e recompensas "emocionais" também engajam, por meio de perspectivas de identidade com o e para com o trabalho (psicodinâmica do trabalho) também, gerando sentimento de pertença para com aquela organização. Embora se trate de um fenômeno subjetivo, sendo comum, cria também engajamento entre os diferentes indivíduos pertencentes àquele meio ou cultura. É importante ressaltar que a cultura socializada e comungada entre todos demonstra não apenas alinhamento do processo de recrutamento e seleção, mas sim nuances compatíveis na questão do propósito (leia-se *ikigai*).

Quer ver se a pessoa se sente pertencente à empresa? Basta perguntar sobre seu gestor, o produto da empresa e sobre como a empresa trabalha. Se ela responder com a primeira pessoa (Minha empresa, meu chefe ou o produto/serviço da minha empresa) já é um indício positivo. Se usar a terceira pessoa... Tenho as minhas dúvidas.

Infelizmente, no campo corporativo, este tema ainda é pouco explorado, talvez pelo fato de que ainda há um desconhecimento de sua influência sobre a cultura organizacional e sua relação com o crescimento dos resultados.

Senso de pertencimento ou pertença, sentido e significado fazem parte de todos os aspectos de nossa vida, seja pessoal ou profissional. O quanto nós nos identificamos com aquilo. E esta é a pergunta que tem sido feita pelas pessoas, ainda mais neste novo normal ou Neonormalidade: O que estamos fazendo aqui? Quem sou eu?

Fazer a pergunta do "tipo quem sou eu" nos invoca a usarmos a chamada terceira inteligência, que é a "Inteligência Espiritual". A inteligência emocional invoca a resposta do que sentimos e a inteligência cognitiva, o que sabemos.

Não existe procedimento padrão para que possamos extrair o máximo de entrega, engajamento e performance das pessoas para que consigamos a sustentabilidade nas organizações, em especial, no caso, lucratividade. Contudo, entendimentos acerca desta "identidade" podem contribuir para uma gestão mais assertiva e efetiva neste objetivo.

As organizações que perceberem esses "movimentos" podem contribuir e muito com este engajamento, mitigando, reduzindo e até eliminando indicadores altos de turnover e absenteísmo. Sem contar o ganho qualitativo na Felicidade das pessoas.

Então, não basta apenas as pessoas terem sua empregabilidade com aderência àquela organização, pautada nos "hardskills" e também nos softkills", ou seja, os "realskills" necessários para sua entrada e permanência na organização. É importante que a empresa tenha a "empresabilidade", ou seja, a capacidade de atrair e manter pessoas engajadas na mesma nuance das "spiritual skills". Ou seja, não seria "vestir a camisa", mas "tatuar no peito".

O estudo do reconhecimento no trabalho está ligado à questão da saúde mental dos trabalhadores. Embora aprofundada e muito da década de 1990 para cá, ainda apresenta controvérsias consideráveis no campo da psicologia do trabalho.

Sentir-se querido, aceito e "pertencido" é uma condição básica da necessidade do sentimento humano. Temos esta busca e desejo de sermos úteis, um altruísmo, a neocompetência de "saber devolver", de fazer parte, de cumprirmos com o nosso papel, por meio do nosso propósito e deixarmos nossa contribuição, que, quando evidenciada, chama-se legado.

Assim, busquemos um protagonismo, não transferindo para outras pessoas a responsabilidade disto. Pertencimento é um caminho individual e intransferível que requer humildade, iniciativa, esforço, relacionamento e empatia. Uma construção diária. O meio pode até interferir, ajudar ou dificultar o sentimento de pertencimento, mas não define.

Em suma: quanto mais aderência dos seus valores aos propósitos organizacionais, maior engajamento. Ninguém se relaciona com quem não confia. Eis a importância de um recrutamento e seleção por competências (CHA), mas também considerando CHA+V=R. Ou Seja, os valores para os resultados esperados.

É novo isso? Não. Basta ler Friedrich Nietzsche: "Aquele que tem um porquê para viver pode suportar quase qualquer como".

Por fim, falamos de desenvolvimento humano, principalmente de lideranças.

Certa vez, ouvi de um colega que na empresa já suspenderam diversas vezes treinamentos de liderança, pois não deram resultado. Falei a ele então da História do Bambu Chinês.

Uma construção cultural não acontece de um dia para o outro. Segundo Luiza Arcuschin, fundadora da Dream Facilitation, uma mudança na cultura corporativa leva no mínimo seis meses, pois existem vários níveis que precisam ser trabalhados, tanto do lado individual quanto corporativo. O livro "Poder do Hábito" atrela um período de 21 a 30 dias.

Vejamos: "Treinamento" toda a semana durante um mês ou dois meses possui eficácia muito limitada. As pessoas tendem a voltar para o ponto inicial se aquilo não possuir "sustentabilidade" (em outras palavras, estar solidificado): tempo e dinheiro jogados fora. Além disso, não seria nem questão de treinamento, mas um programa estruturado de desenvolvimento devidamente mapeado. Até porque, geralmente, tais ações mexem com toda a dinâmica cultural e sociológica nas organizações, mexem com comportamentos, egos "hierárquicos", zona de conforto.

Fazer tudo isso, em um curto espaço de tempo, cria resistência, pois também serão demonstradas as fragilidades das pessoas e não proporcionará assimilação e tempo delas "responderem " assertivamente, elevará as defesas, criará medo...

E daí? O que será feito com as pessoas que demonstrarem dificuldade? Demitir? Não. Mas é o que pode transparecer e ser percebido por elas. Quando se entra "muito forte e intenso", é isso que as pessoas provavelmente vão criar e, consequentemente, medo, resistência, baixa adesão. Já ouviu falar num dos princípios de Dale Carnegie? Permita que a pessoa recupere sua dignidade.

É por isso que muitos treinamentos começam e não acabam (a empresa interrompe) ou não dão resultados concretos. Aí é fácil dar a culpa da febre ao termômetro, né? Então, não se cura a febre, mas para de medi-la. Mais um motivo para aquela velha (e, às vezes, infelizmente, errônea e taxativa) frase que o RH recebe: "Muitas iniciativas, algumas continuativas e poucas acabativas". Inclusive, a mesma coisa se repete com o processo de coaching "banalizado".

Muito se falou sobre empregabilidade das pessoas. Hoje, com a competição acirrada por pessoas engajadas aos propósitos da organização e neocompetentes, temos que falar de empresabilidade: a capacidade da empresa em atrair, engajar, manter e, principalmente, promover qualidade de vida no trabalho e sentimento de pertença. E aí? Sua gestão 4.0 de RH fala de tecnologia (*hard skills*), comportamento (*soft skills*) ou de *spiritual skills* (propósito)?

12

COMO REFORÇAR VALORES NAS ORGANIZAÇÕES

Neste capítulo, você encontrará uma análise sobre a importância de manter firmes os princípios morais e éticos de uma organização. Foi realizado um breve estudo em empresas públicas e privadas que sustentam seus sucessos, fortalecendo valores a todos que lhe fazem parte. Ao final, são apresentadas duas breves estruturas de programas de valores consolidados.

PÂMELA GABRIELLE BORGES

Pâmela Gabrielle Borges

Psicóloga, professora, palestrante, empreendedora, e pós-graduada nas áreas Social, Escolar, Organizacional e Clínica. Fez o curso de Formação em Psicologia da Aviação. Atua com desenvolvimento de pessoas há mais de 15 anos em empresas públicas e privadas. Atuou em RH por mais de 10 anos, entrevistou mais de 10 mil candidatos em diferentes empresas no ramo varejista, de hotelaria, de consultoria, hospitalar e de construção civil, localizadas na cidade de Brasília e nos Estados de Goiás, Minas Gerais e Tocantins. Há cinco anos atua como gestora do Programa de Formação e Fortalecimento de Valores nas Forças Armadas. Idealizadora do Emprego na Mira, que visa ajudar candidatos a conquistarem seu espaço no mercado de trabalho.

Contatos
www.empregonamira.com
Facebook: empregonamiraoficial
Instagram: @empregonamira
61 99928-3397
61 99695-5760

A palavra convence, o exemplo arrasta.
Confúcio.

Obviamente, vivemos em uma época em que a humanidade experimenta um verdadeiro "colapso moral", que degrada a sociedade e torna as pessoas mais insensíveis a dilemas éticos e morais. Assim, as empresas têm desempenhado um papel importante na educação humana, proporcionando um lugar ideal para a responsabilidade social, pessoal, transformação e de evolução.

Em toda a história da humanidade não se imaginava que o estudo sobre valores seria tão importante como nos dias atuais. Desde a criação do homem já existiam regras e valores embutidos para preservação de uma sociedade justa e virtuosa. Contudo, ao longo do tempo, muitos valores foram substituídos por outros, conforme suas próprias necessidades.

Afinal, o que são valores? Segundo Dr. Yves de La Taille, valor seria um conhecimento revestido em um investimento afetivo. É entender quais princípios de uma determinada ação ou omissão, associando-a a um sentimento.

Qual a relação deste tema com as organizações?

Cada empresa tem uma cultura própria, o que ajuda definir o modo como deseja ser vista perante seus colaboradores, fornecedores e clientes – diferenciando-se de outras empresas por deixar clara sua missão, visão e valores. Entende-se, portanto, que missão é o propósito da empresa; a visão é o que ela projeta como será daqui alguns anos; os valores são as crenças que guiam as atitudes de todos que a integram.

Com o avanço da tecnologia ao longo dos anos, gerando dados infinitos e códigos responsáveis por toda condução e aplicação de uma máquina, a mente humana também trabalha com a condução de sinapses cerebrais que resultam em uma atitude desejada ou não. Vale lembrar que, semelhante ao *machine learning,* no qual as máquinas aprendem conforme os dados inseridos, o cérebro humano também aprende sobre valores e sua importância em seu dia a dia por meio da neuroplasticidade. Por isso se faz importante a manutenção de ambientes que fortaleçam hábitos virtuosos.

Os principais bastidores das melhores empresas para se trabalhar

Dentre as 100 melhores empresas para trabalhar, muitas delas não se destacam apenas pelo viés financeiro, mas sim pelo poder de envolvimento com todos seus colaboradores. A Honda e a Toyota do Brasil, por exemplo, possuem programas de integração que reforçam não somente seus produtos comercializáveis, mas preza-se pela fortificação de sua cultura organizacional. Outras empresas, como Bosch do Brasil, Sabin, Natura, Grupo Boticário, Magazine Luiza e muitas outras reforçam seus valores aplicando uma cultura de responsabilidade sustentável.

O livro *O jeito Disney de encantar clientes* (2011) traduz a grandiosidade de uma corporação baseada na excelência, onde seus integrantes tornam-se parte do espetáculo. Recebem a melhor gestão, os melhores treinamentos, os melhores reconhecimentos e a melhor valorização profissional. Não é de hoje que nos encantamos com a magia Disney, não é? Por isso é possível enxergar em cada colaborador seus valores sendo transcendidos em seu dia a dia.

Por outro lado, as Forças Armadas Brasileiras, para manterem a sua posição entre as instituições mais confiáveis do país, atuam com fortalecimento de valores dia após dia, do recruta ao comandante de cada força. A Marinha do Brasil, Exército Brasileiro e Força Aérea Brasileira possuem o Programa de Formação e Fortalecimento de Valores e Princípios, trazendo a reflexão e a manutenção da ética e a moral dos que a integram. Reforçando o pensamento de Confúcio que a palavra convence, mas o exemplo arrasta.

Desafios dos departamentos de Recursos Humanos

Sabe-se que fortalecer uma equipe e perceber o senso de pertencimento de todos os integrantes de uma empresa é um grande desafio para a maioria dos departamentos de Recursos Humanos. Requer estratégias bem alinhadas e programas contínuos para alcançar êxito em suas equipes, e que estes estejam congruentes com todos os valores da empresa.

No mercado de hoje, uma das maiores preocupações do setor de RH é como desenvolver determinadas habilidades comportamentais em seus colaboradores. Estas habilidades chamamos de *soft skills*, porém são mais conhecidas como habilidades socioemocionais.

No último Fórum Econômico Mundial, em 2019, foram destacadas 10 competências ideais para os profissionais se adaptarem ao novo mercado: pensamento crítico, criatividade, gestão de pessoas, resolução de problemas complexos, coordenação, inteligência emocional, capacidade de julgamento e tomada de decisões, orientação e para servir, negociação e flexibilidade cognitiva. Estas *soft skills*, se analisadas mais profundamente, se relacionam paralelamente a valores humanos e organizacionais – o respeito, a humildade, a resiliência e a ética estão sempre presentes.

Corroborando as competências ideais do Fórum Econômico Mundial, percebe-se que a Microsoft, nos últimos anos, passou por uma reengenharia organizacional, na qual foi preciso buscar o senso de propósito de seus colaboradores para que fosse possível fortalecer seus valores organizacionais. Assim, foram definidos quatro pilares para reter seus talentos:

1º Evolução da cultura empresarial: representa na íntegra de seus colaboradores se estão adotando as missões e valores da companhia ou não;

2º Desenvolvimento de talentos: consiste no encorajamento de seus colaboradores para serem constantes aprendizes;

3º Experiência do colaborador: incide na simplificação do processo;

4º Dados, análises e insight: por sua vez aprimora do RH Moderno.

Assim como a Microsoft, inúmeras outras empresas buscam compor suas equipes com talentos que combinem com seus ideais, missão, visão e valores. Vale ressaltar que não existe nada melhor que uma equipe focada em nosso propósito e que "tenha a cara" da empresa.

Como achar esses talentos?

O People Analytcs está se tornando cada dia mais importante para o RH Moderno, pois em poucos cliques a empresa oferece informações necessárias e a tecnologia se encarrega de cruzar todas elas, a ponto de listar os possíveis novos colaboradores que estão alinhados com a organização, favorecendo um bom *onboarding*.

Contudo, além de toda tecnologia, há necessidade de fortalecer valores entre seus colaboradores. Estes programas devem ser trabalhados de forma estratégica para manter elevada a cultura da organização. Geralmente, estes programas agrupam um conjunto de ações que fomentam a disseminação de conceitos, debates sobre ética profissional, importância da coesão dos valores empresa-funcionário e sobre enriquecimento moral e ético de todos seus integrantes.

Dois exemplos serão listados abaixo quanto a programas que fortalecem valores em seus colaboradores. O primeiro é o caso do Instituto Canopus, que separa um fim de semana ao ano para promover um momento reflexivo a seus integrantes. A cada ano, reúne-se uma média de 100 pessoas para participarem da imersão Estilo de Vida Canopus (Projeto 100 anos de vida), para o qual convidam palestrantes de diferentes abordagens para falar desde educação financeira, responsabilidade ambiental e sustentável, bem como a importância de sermos exemplos para os outros.

O segundo exemplo é o Programa de Formação e Fortalecimento de Valores da Força Aérea Brasileira. Este programa consiste em debater mensalmente com seus integrantes os valores daquela instituição. Este programa é dividido em 10 meses, onde são estudados todos os valores da FAB. Há informações que este programa caminha além do convencional de palestras motivacionais ou palestrantes internos e externos. Trabalham com ações sociais (campanhas de alimentos, de agasalhos, visitas a creches, orfanatos, casas de recuperação e outros), programas de incentivo profissional, incentivo ao hábito da leitura, gincanas solidárias, jogos corporativos e a promoção de palestras em escolas municipais.

O ponto positivo destes programas é a quebra da rotina, além do envolvimento e o comprometimento de seus integrantes com a missão daquela empresa – é a reflexão sobre o que cada um terá diante de cada ação realizada, fortalecendo o senso de pertencimento, fidelidade e ética àquela organização.

Como mensurar o aproveitamento desses programas?

Observe as atitudes de seus colaboradores, se estes transcenderem os valores de sua organização, de seu programa em suas vidas, este está sendo eficaz. Caso ainda esteja encontrando GAPs em seus integrantes, tente alinhar uma melhor estratégia.

Referências

150 MELHORES empresas para trabalhar. Revista Você S/A. São Paulo: Grupo Abril, 2020.

BRASIL. Ministério da Defesa. Comando da Aeronáutica. Estado-Maior da Aeronáutica. Portaria nº 2/1SC, de 26 de fevereiro DE 2021. Aprova a reedição do Manual que dispõe sobre o "Programa de Formação e Fortalecimento de Valores - PFV". MCA 909-1. Boletim do Comando da Aeronáutica, Rio de Janeiro, nº º 042, 4 de março de 2021.

DE LA TAILLE, Y. Moral e Ética: Uma Leitura Psicológica. *Psicologia: Teoria e Pesquisa*, Vol. 26, n. especial, pp. 105-114. Disponível em:< http://www.scielo.br/pdf/ptp/v26nspe/a09v26ns.pdf>. Acesso em: 20 set. de 2020.

DISNEY INSTITUTE. *O jeito Disney de encontrar clientes: do atendimento excepcional ao nunca parar de crescer e acreditar.* São Paulo: Editora Saraiva, 2011.

GRUPO CANOPUS. Instituto Canopus. Disponível em: <http://institutocanopus.org.br/>. Acesso em: 21 jul. de 2021.

NADELLA, S. *Aperte o F5: a transformação da Microsoft e a busca de um futuro melhor para todos.* São Paulo: Editora Benvirá , 2018.

PINHEIRO, P. N. da C. et al. Ética na formação profissional - uma reflexão. *Escola Anna Nery*, Vol. 10, nº 01, Rio de Janeiro, abr. Disponível em: <http://www.scielo.br/scielo.php?script=sci_arttext&pid=S1414-81452006000100015 >. Acesso em: 15 set. de 2020.

TOYOTA. Mundo Toyota. Disponível em: <www.toyota.com.br/mundo-toyota>. Acesso em: 21 jul. de 2021.

WORLD ECONOMIC FORUM – HR 4.0: Shaping People Strategies in the Fourth Industrial Revolution. Dec 2019.

13

GESTÃO DAS EMOÇÕES NA ERA DO RH 4.0

É indiscutível que a revolução 4.0 tem transformado as organizações, porém é fato que, apesar destas transformações, existem algumas atividades que não podem ser substituídas e exigem um capital humano cada vez mais preparado para lidar com as exigências deste novo cenário. De que forma as organizações podem gerenciar esse capital humano para que sejam eficientes diante de tantas mudanças? A chave para isso está ligada à inteligência emocional ou gestão das emoções.

REGIANE BEZERRA SIMÕES CRUZ

Regiane Bezerra Simões Cruz

Psicóloga CRP 20/5146. Graduada em psicologia pelo Centro Universitário IESBS – Brasília. Especialista em Gestão de Pessoas pela Universidade Católica Dom Bosco (Mato Grosso) e em Terapia Cognitivo Comportamental e diversos cursos como: Formação e Certificação em Inteligência Emocional, Coaching, Terapias Cognitivas nos Transtornos do Humor e de Ansiedade. Possui capacitação em instrumentos de avaliação de mapeamento comportamental, Avaliação Psicossocial. Vivência na área organizacional há mais de nove anos, com ampla experiência na área de Recrutamento e Seleção, treinamento e desenvolvimento de pessoas por meio de palestras/treinamentos e avaliação de desempenho. Atuou em empresas do comércio atacadista e varejista, em empresa do ramo de plásticos e multinacional no ramo metalúrgico. Atualmente, desenvolve treinamentos e também atendimentos clínicos de forma online ou presencial para jovens e adultos, nos quadros que envolvem ansiedade, autoestima, autoconhecimento, inteligência emocional, autoliderança, autoconfiança, orientação profissional, relacionamentos e outros, além de atuar na promoção de saúde mental em empresas por meio de Plantão Psicológico.

Contatos
www.regianesimoespsi.com
regianesimoespsi@protonmail.com
92 99292-2321

São notórios, na contemporaneidade, os impactos oriundos da quarta revolução industrial – ou Indústria 4.0 – e as transformações repentinas que isso gera no âmbito dos processos em diversas atividades no contexto organizacional. É inegável que estas transformações vieram para facilitar e agilizar muitas atividades.

Contudo, embora esse cenário se componha de tantas mudanças e facilidades, ainda é inquestionável a importância do capital humano, pois pensar na Indústria 4.0 e não pensar nos indivíduos que fazem a roda girar é, sem dúvida, um perigo para qualquer organização.

É verdade que, mesmo nos tempos atuais, há quem pense que as pessoas podem ser programadas como máquinas ou computadores, seguindo uma programação específica até o fim do expediente todos os dias – e está tudo bem com isso. Mas sabemos que não é assim que a banda toca. O avanço no campo tecnológico vai demandar que os funcionários assumam tarefas que vão exigir competências que não podem ser automatizadas, como negociação, empatia, gestão de equipes e outras competências que, por enquanto, não podem ser executadas com eficácia pelas máquinas (sinceramente, ainda não vislumbro essa possibilidade), pois estas compreendem a um aspecto específico dos seres humanos que está ligado à inteligência emocional.

Quando o assunto se refere a pessoas, temos diversas implicações em torno do tema. Uma das principais é justamente o fato de que pessoas assumem diferentes papéis em suas vidas (são filhos, pais, têm relacionamentos, são profissionais, amigos, e tantos outros papéis) e tudo isso implica em conflitos intrapessoais e interpessoais que geram um turbilhão de emoções. Como gerenciá-las de modo adequado?

Será que é possível reprimir as emoções e ficar tudo bem com isso? Há alguma chance de alguém focar cem por cento nas suas atividades laborais deixando suas emoções guardadas até a hora de acabar o seu expediente?

Com certeza você já deve ter ouvido que o bom profissional precisa ser aquele que ao pisar na empresa deve esquecer suas emoções (seus problemas pessoais) e focar única e exclusivamente no trabalho. Mas como trabalhar bem, se você tem problemas em casa? Ou se perdeu um ente querido, ou se está desapontado por algo que aconteceu na sua vida amorosa, ou se está preocupado, ansioso, deprimido? E por tantas outras questões que venham a nos tirar do nosso estado de equilíbrio. Sejamos honestos: isso é muito complicado.

É fato que, no ambiente de trabalho, temos que ser profissionais qualificados e agir com profissionalismo, mas como exigir que as pessoas entrem na empresa e consigam se despir de suas preocupações, seus conflitos amorosos, familiares, suas tristezas, frustrações, toda carga emocional que têm em suas vidas particulares? É até um tanto desumano achar que isso é 100% possível, pois não é. Então, o que fazer para gerenciar as emoções e sentimentos que acompanham a nossa vida cotidiana?

Não sei se você já percebeu ou parou para refletir em quanto as emoções impactam positivamente ou de maneira negativa as suas ações por onde quer que você vá? Não importa se é em casa, na sua vida social, na sua vida familiar e também, claro, na sua vida profissional, as emoções sempre estarão presentes e é isso que nos faz ser humanos, e nesse ponto ainda não substituíveis por máquinas que não podem alcançar este nível.

A forma como lidamos com nossas emoções vai trazer impactos que atingem diversas áreas da vida. No contexto do trabalho, esta influência das emoções pode se refletir no desempenho, nas nossas relações interpessoais, na nossa segurança no trabalho, na atenção, concentração e até mesmo no desenvolvimento de tarefas mais simples.

Contudo, de forma contraditória, agimos no piloto automático e somos incentivados a reprimir as emoções e não demonstrar o que sentimos. Da mesma forma, não pensamos nos significados destes termos. Porém, antes de continuarmos, precisamos entender bem o que são emoções e sua importância.

O que são emoções?

De modo geral, as emoções se referem ao conjunto de respostas (físicas e mentais) que o nosso organismo produz diante de um estímulo externo.

Em seu livro *A linguagem das emoções* (2011), Paul Ekman menciona que as emoções nos preparam para lidar com eventos importantes sem que precisemos pensar previamente no que fazer. É uma resposta automática. Essas respostas vão influenciar e direcionar os nossos comportamentos para que possamos ter capacidade de adaptação às mudanças.

As emoções são muito importantes, pois funcionam como lembrança de nossas necessidades, frustrações e nossos direitos. São elas que irão atuar justamente para trazer mudanças, fugir de situações difíceis ou nos mostrar que algo gerou insatisfação (Leahy, Tirch e Napolitano. 2011). O problema não está na emoção – a principal dificuldade é que não sabemos o que fazer com elas. As emoções são companheiras constantes, pois elas estão presentes nos piores e nos melhores momentos de nossas vidas. Muitas vezes, por não sabermos lidar com elas, acabamos por criar problemas. No ambiente de trabalho, isso pode se refletir nos conflitos dentro das equipes de trabalho, gerando baixa produtividade, podendo culminar até mesmo em situações de risco, como acidentes de trabalho.

O estresse, as cobranças internas do ambiente de trabalho se somam com os problemas que o trabalhador traz também de sua vida pessoal. Ainda há o agravante que o ambiente corporativo de um modo geral é bem inconstante, ou seja, uma verdadeira caixinha de surpresas que traz situações que demandam ações rápidas, o famoso "apagar incêndio" que todos os setores lidam.

É exatamente por estas diversidades de cenários que se torna primordial que as organizações atuem para auxiliar seus colaboradores, criando programas de treinamento que os incentivem no desenvolvimento da inteligência emocional ou gestão das emoções e de acordo com suas possibilidades até mesmo implantar o Plantão Psicológico para atender as demandas de seus funcionários.

O que é inteligência emocional e porque isso é importante no ambiente de trabalho?

Inteligência emocional foi definida por Daniel Goleman (1999) como a capacidade que um indivíduo tem de identificar os seus próprios sentimentos e os dos outros, de se motivar e de gerir bem as emoções tanto internas quanto em seus relacionamentos.

No ambiente de trabalho, a inteligência emocional ajuda o colaborador a superar os desafios, se tornando uma pessoa capaz de ter um desempenho destacado dos outros, pois consegue desenvolver uma vida mais harmoniosa e equilibrada – com a capacidade de ser mais autônomo no desempenho de suas atividades, o que aumenta suas chances alcançar metas, gerar resultados positivos para organização e lidar de maneira adaptativa com mudanças da organização com os desafios que surgem no ambiente organizacional.

Como gerenciar as emoções no ambiente de trabalho?

A ideia de gerenciar as emoções não é sobre ignorar as emoções ou reprimi-las, mas sim conseguir sentir de forma adequada, entendendo o que está acontecendo no momento, reconhecendo que algo mudou e procurando um resultado ajustado para lidar com isso. Talvez você esteja pensando que isso parece algo bem complexo e impossível de alcançar, ou talvez esteja se perguntando: como é que eu faço isso na prática? Saber gerenciar as emoções é ter inteligência emocional. É claro que todos nós nascemos aptos a desenvolver diversos tipos de inteligência, mas é preciso que você busque este desenvolvimento. Assim como você busca o conhecimento e desenvolve um repertório de inteligência em áreas técnicas e acadêmicas, é perfeitamente possível que você também comece a desenvolver a inteligência no aspecto emocional.

> Se as suas competências emocionais não estão disponíveis, se você não tem autoconsciência, se não consegue gerir as emoções difíceis, se não consegue ter empatia e ter relações eficazes, não importa o quão inteligente é, você não vai chegar muito longe. (GOLEMAN)

Pensando nisso, separei algumas dicas baseadas nos pilares da inteligência emocional para lhe ajudar a ter uma melhor perspectiva de como gerenciar as suas emoções:

- **Desenvolva o autoconhecimento** – Saiba reconhecer e compreender o que acontece com você no seu mundo interno. Identifique suas forças e também os seus limites. Tenha a certeza de seu valor e das suas capacidades.
- **Trabalhe a automotivação** – Tenha um motivo para lhe mover para ação, literalmente. Assuma as rédeas da sua própria vida, busque alcançar seus objetivos com energia e persistência, não desista daquilo que você quer.
- **Foque em uma visão mais positiva da vida** – Não entenda isso como uma visão romântica de que tudo é lindo, tudo é azul... É importante que você consiga aprender com seus erros, comprometer-se com aquilo que você precisa desenvolver e ter iniciativa, pois nós temos uma tendência natural para focar no negativo, por isso é importante exercitar a prática de aprender lições que o "fracasso" ou as falhas nos ensinam.

- **Comece a praticar o autogerenciamento** – Tenha o controle de seus impulsos e estados internos, pense antes de agir. Já falamos que as emoções dão sinais físicos e mentais que nos servem de alerta. Quando você sentir que algo mudou no seu corpo, pare e identifique o que está acontecendo, respire fundo e busque uma reação adequada para aquele estado emocional que se instalou.

- **Assuma a responsabilidade pelos seus atos e emoções** – Reconheça-os e aceite as consequências ao invés de procurar culpar outras pessoas ou fatores externos. Tenha em mente que você é o principal responsável por suas ações.

- **Seja assertivo** – Seja capaz de expressar seus sentimentos e pensamentos de forma sincera sem se sentir culpado ou ansioso por isso. Aprenda a dizer "não" e a buscar seus direitos, sem, contudo, negar o direito dos outros ou passar por cima de alguém.

- **Exerça a empatia** – Quando você desenvolve a inteligência emocional, também se torna capaz de gerenciar não só as suas emoções, como também as emoções do outro, não no sentido de se responsabilizar pelo que os outros fazem, mas no sentido de passar a enxergá-lo de maneira mais compreensiva e com mais tolerância.

- **Seja resiliente** – Aprenda a lidar com as emoções não tão agradáveis de maneira a não deixar se abalar por elas. Aprenda a viver dores e frustrações e se reinventar, apesar das circunstâncias. Ser resiliente é saber lidar com mudanças e situações difíceis e encará-las como desafios a serem ultrapassados.

- **Pratique a gentileza** – O ambiente de trabalho se torna melhor quando as pessoas usam de bom senso e educação, afinal não custa nada dizer um bom dia, por favor, obrigado, com licença, me desculpe... Isso abre portas. Além disso, é importante aprender o nome das pessoas e chamá-las por seus nomes, elogiar, ser cordial. Estas são ações simples, mas que têm um peso significativo para melhoria de um ambiente.

Por isso, para ser um profissional de excelência é necessário buscar constantes evoluções em todas as áreas da vida, principalmente no âmbito emocional, pois quem consegue lidar com as suas emoções é alguém que tem o equilíbrio para lidar com as mais diversas situações da vida e, com certeza, é alguém que tem muito a contribuir no ambiente de trabalho.

Controlar emoções não quer dizer deixar de sentir. Pelo contrário, você pode sentir de forma saudável e consciente, e assim será capaz de administrá-las adequadamente, principalmente as emoções que nos aceleram e fazem a nossa vida ser estressante. Esta é a chave. O que faz o ser humano ser único e traz riqueza para a vida são exatamente as nossas emoções.

Estagnar nunca, evoluir sempre! E fica o desafio pra você: procure desenvolver a inteligência emocional (uma ajuda profissional é bem vinda neste processo). Com certeza, você irá perceber muitas melhorias tanto na sua vida profissional quanto pessoal.

Referências

EKMAN, Paul. *A linguagem das emoções.* Editora Lua de Papel, 2011.

GOLEMAN, D. *Trabalhando com a inteligência emocional.* Editora Objetiva, 1999.

LEAHY, Robert L.; TIRCH, Dennis; NAPOLITANO, Lisa A. *Regulação emocional em psicoterapia: Um guia para o terapeuta cognitivo-comportamental.* Editora Atmed, 2011.

14

COMO CONSTRUIR E MANTER TIMES BRILHANTES

Todos sonhamos em liderar ou fazer parte de equipes de alto desempenho, conhecidas como *dream teams*, mas como chegar lá?

RITA SBRAGIA

Rita Sbragia

Líder de Recursos Humanos com carreira desenvolvida em empresas incríveis como P&G (Procter&Gamble), DuPont e Chemours. Atualmente, ocupa a posição de diretora sênior de RH para a América Latina da Diversey, além de ser diretora global de RH para Supply. MBA em Gestão Estratégica de RH pela FGV. Coautora do livro "Mulheres do RH". Premiada como um dos 10 RHs mais admirados da América Latina em 2020 (Grupo Gestão RH). Apaixonada por RH e pelo impacto que pode trazer no sucesso das empresas e na felicidade das pessoas. Mãe muito feliz da Daniela e do Vítor.

Contatos
rita.sbragia@hotmail.com
LinkedIn: Rita Sbragia
Instagram: @melhoresdicasrh

Uma organização de alto desempenho deve ser intencionalmente desenhada para este fim por meio de estratégias, processos, estrutura, tecnologia e pessoas com as habilidades e atitudes corretas. Aqui reside o grande valor que um *business partner* estratégico de RH pode agregar na Gestão 4.0, digital, humana e disruptiva, preparando a organização para os desafios atuais e futuros.

Este capítulo é inspirado em grandes aprendizados que obtive ao longo de minha carreira. As estratégias, técnicas e conceitos aqui compartilhados podem ser aplicados em todos os tipos de equipes, convencionais ou ágeis, assim como em times de liderança ou em equipes multifuncionais para projetos específicos.

Convido vocês agora para uma viagem na qual percorreremos todos os caminhos para construir e manter um time brilhante. Em todas as escalas haverá um componente único, fundamental e inusitado: a conexão emocional. Apertem os cintos e vamos lá!

Há várias teorias e definições sobre equipes altamente eficazes e, resumindo, as suas características fundamentais são:

- Liderança inspiradora
- Alto nível de confiança
- Fortes vínculos entre os integrantes
- Aprendizado contínuo

Primeira etapa: embarque

Conhecendo os membros do time

> *Você poderia tirar de mim as minhas fábricas, queimar os meus prédios, mas se me der o meu pessoal, eu construirei outra vez todos os meus negócios.*
> Henry Ford

Segundo a consultoria Gallup, uma das ações que traz maior engajamento nas empresas é quando o colaborador reconhece que seu supervisor, ou alguém no trabalho, se preocupa com ele como pessoa. Líderes inspiradores conhecem as pessoas, seus valores, princípios, crenças, atitudes e fortalezas, dão-lhes a oportunidade de fazer o que fazem de melhor todos os dias, elogiam suas realizações, se importam com elas, fornecem os recursos para realizar o trabalho evitando estresse desnecessário, focam no seu desenvolvimento, valorizam a criatividade e a diversidade que cada um traz para o time.

O papel da liderança é crucial para que um time seja de alto desempenho. Algumas práticas para adotar ou melhorar:

- **Espaço formal na agenda:** Dedicar tempo às pessoas, através de reuniões periódicas 1:1 para conhecer cada colaborador direto como indivíduo. Criar vínculo, checar o progresso e fornecer o coaching necessário para que ele possa entregar o que é esperado, ou até ir além disso. Uma boa dica para iniciar essas conversas é perguntar como está a família, como foi o fim de semana, compartilhar algo que aconteceu com você e que possa ser inspirador para a pessoa, entre outros, criando assim um ambiente descontraído e de confiança.
- **Teste/Inventário de personalidade:** Há vários modelos disponíveis no mercado. Com esse processo em grupo, as pessoas poderão conhecer a bela diversidade que existe entre elas e suas fortalezas: quem é mais extrovertido ou mais introvertido, quais são mais inovadores, mais analíticos, mais focados em processos ou em relacionamentos. Com esse conhecimento, o líder poderá designar os projetos mais importantes conforme o talento e as preferências de cada um, já que é sabido que as pessoas alcançam mais facilmente a excelência quando trabalham naquilo que é sua fortaleza. A fortaleza de um compensa a área de oportunidade do outro, formando parcerias estratégicas rumo a um alto desempenho da equipe.
- **Mapa da vida:** Esse é um exercício que tem potencial de gerar fortes emoções e muita conexão entre os membros da equipe. Consiste em pedir que cada participante desenhe em uma folha de papel (preferencialmente de *flipchart*) uma linha do tempo, do momento em que nasceu até os dias de hoje. Instruções:
  - o Cada um desenha uma linha horizontal no meio da folha
  - o Começar à esquerda da folha com sua memória mais antiga

130 | Gestão do RH 4.0

o   Marcar na folha os eventos mais significativos da sua vida, os que o transformaram na pessoa que é hoje

o   Acima da linha horizontal, escrever os dois ou três eventos mais felizes da sua vida; abaixo, os dois ou três mais tristes ou difíceis

o   Estabelecer um tempo para as pessoas realizarem esse trabalho (sugestão: 30 minutos)

o   Reunir o time de novo para cada um compartilhar a sua linha do tempo com os demais

Essa conexão emocional com as pessoas ajuda a criar vínculos fortes e evita que entrem em conflitos intermináveis quando o time estiver passando por momentos de grande pressão.

Outro ponto crucial é incentivar os membros do time a buscar constantemente ampliar seu autoconhecimento para poderem lidar com suas emoções e entregar o seu máximo potencial. O autoconhecimento é importante para que a pessoa busque sempre atuar na causa (ser proativo) e não no efeito (ser reativo), como segue:

Ser Proativo	Ser Reativo
Responsabiliza-se pela situação	Posiciona-se como vítima
Faz parte da solução	Faz parte do problema
Busca ações para beneficiar a todos	Busca desculpas
Apoia as pessoas	Culpa e julga as pessoas
Foca no que pode controlar ou influenciar	Foca no que lhe preocupa

Segunda etapa: preparando para decolar

Direcionamento

O direcionamento deve ser estabelecido antes do time começar a trabalhar junto, porém nem sempre isso é possível. Sendo assim, nunca é tarde para reunir o time para que os membros possam criar o seu propósito. Importante ressaltar que as pessoas geralmente se sentem mais engajadas em seguir aquilo que ajudaram a criar.

E qual a importância do direcionamento? Na animação "Alice no País das Maravilhas", de 1951, baseada no livro homônimo de Lewis Carroll, temos a seguinte cena:

Alice perguntou ao gato, que estava sentado em uma árvore: " Que estrada devo seguir? "
O gato perguntou: "Para onde você quer ir?"
"Não sei", respondeu Alice.
"Então", disse o gato, "realmente não importa, não é?"

O fato é que, se não sabemos aonde queremos chegar, vamos desperdiçar nossos dias em tarefas que, muitas vezes, não são importantes e não levam à realização do propósito da empresa, da equipe ou da própria pessoa.

O propósito consiste na elaboração de uma visão e de uma missão para o grupo. Segue uma sugestão de roteiro com perguntas para inspirar a sua realização:

- **Visão:** Aonde queremos chegar? Em qual aspecto de nossa vida profissional queremos ser reconhecidos? Qual a fotografia do nosso estado ideal?
- **Missão:** Por que existimos como organização (em resposta a uma oportunidade ou demanda)? Como podemos contribuir para entregar nosso máximo para que a empresa seja um sucesso?
- **Objetivos:** O que iremos realizar, que produto ou serviço iremos entregar este ano, semestre ou trimestre? Quais as nossas metas em números? Os objetivos devem ser cascateados no plano de trabalho de cada membro do time.
- **Estratégias:** Quais as nossas escolhas/ações para alcançar os objetivos?
- **Medidas:** Quais indicadores medirão nosso sucesso?

É importante que a visão e a missão sejam inspiradoras e estejam sempre visíveis para o time através de artefatos diversos, já que é parte crucial da cultura que deve ser criada e mantida com comunicação frequente. É importante que se tenha *role model* da liderança, bem como reconhecimentos, os quais são fundamentais nos processos de gestão de pessoas.

Terceira etapa: voo de cruzeiro ou turbulência?

Efetividade do time

> *Coisas incríveis no mundo dos negócios nunca são feitas por uma única pessoa, e sim por uma equipe.*
> Steve Jobs

Essa parte do processo diz respeito aos relacionamentos e interações dos membros do time, ou seja, a dinâmica que fará com que os resultados sejam brilhantes ou não. Quando a equipe começa a trabalhar, é normal que todos estejam contentes e unidos, porém, à medida que o tempo avança, alguns conflitos podem surgir. Por esta razão, é importante que o líder estabeleça momentos para rever como anda a efetividade do time. Algumas ferramentas para conduzir esse processo:

- **Princípios:** Juntos, estabelecer como o time trabalhará e manter esse material visível a todos. A criatividade pode ir às alturas, até criando um nome para o time. Um exemplo:

Time: Agentes de Mudança. Nossos princípios:

- o Compartilhamos informações livremente entre os membros do time
- o Sabemos mais dos nossos colegas que apenas seus nomes e cargos
- o Fornecemos *feedbacks* constantes e mais profundos que apenas "bom trabalho"
- o Respeitamos as escolhas de flexibilidade no trabalho de cada um (horário e local) de acordo com a cultura da empresa
- o Recebemos os novos colegas de braços abertos e com um *onboarding* incrível e estruturado
- o Aprendemos e nos divertimos juntos todos os dias

- *Check-in/Check-out:* outra boa prática é começar as reuniões com *check-in* e terminar com *check-out*. Ambos devem ser respondidos com apenas uma palavra ou frase. Exemplos:

Check-in:
- o Há algo que te impeça de estar 100% presente nesta reunião?
- o O que você traz de positivo para o time hoje?

Check-out:

> o   Ao chegar em casa e alguém te perguntar como foi seu dia no trabalho hoje, o que você responderá?
> o   Como você se sente após essa reunião?

• **Dinâmicas de grupo:** Utilizar os momentos em grupo para gerar integração, diversão e oportunidades para que as pessoas se conheçam melhor, através de *icebreakers* ou algum tipo de jogo (dica: há vários aplicativos disponíveis). Também é extremamente recomendado realizar essas dinâmicas quando há alguma mudança no time, seja de liderança ou de colaboradores. Alguns exemplos:

a) Utilizando a tecnologia ou até mesmo uma folha de papel, cada participante compartilha duas verdades e uma mentira sobre si. Os demais devem adivinhar qual é a mentira e a partir daí o colaborador comenta sobre ela.

b) Cada participante compartilha algo sobre si, pessoal ou profissional, e termina com algo que ninguém sabe sobre ele (de preferência algo divertido, gerando descontração e conexão).

c) Cada pessoa desenha em um *flipchart* (ou similar) o que o energiza e compartilha com o time.

• **Sessões de *feedback* em grupo:** Outra prática muito recomendada é realizar sessões periódicas de *feedback* em grupo, tanto para manter os relacionamentos saudáveis como para gerar oportunidades de desenvolvimento. Uma dinâmica que pode ser aplicada é a seguinte:

Em duplas, cada pessoa do time deverá dar *feedback* a um(a) colega, seguindo o roteiro abaixo:

O que você faz que me gera confiança é...
O que você poderia fazer para me gerar mais confiança é...

O processo continua até que todos tenham compartilhado esse *feedback* com todos os integrantes. Após isso, reunir o grupo todo para compartilhar os sentimentos gerados na dinâmica. Esse exercício também tem o potencial de gerar muita emoção!

Todos precisamos de pessoas que nos deem feedback.
É assim que melhoramos.
Bill Gates

134 | Gestão do RH 4.0

Mas e se no caminho nos depararmos com uma turbulência? Esses momentos difíceis acontecem quando a única coisa que importa é o resultado – todo o restante é ignorado e não se atribui a devida prioridade. Relacionamentos, sentimentos, vida pessoal, *hobbies* e até saúde são negligenciados.

Alguns sinais de turbulência no time e seus impactos

- Baixo nível de engajamento
- Sentimento de frustração generalizado
- Falta de conexão entre as pessoas
- Sem equilíbrio entre trabalho e vida pessoal
- Impacto na saúde física e mental
- Impacto na qualidade dos resultados da equipe

Algumas causas dessa situação

- Processos falhos, comunicação não-transparente, tomada de decisão centralizada ou não clara
- Falta de clareza dos papéis e responsabilidades
- As habilidades necessárias não são identificadas nem desenvolvidas ("pessoas erradas fazendo o trabalho errado")
- Uma pessoa não sabe o que a outra está fazendo; o mesmo vale para os times
- Conflitos não-gerenciados, aumentando o problema

E o que fazer para evitar a turbulência ou sair dela?

- Manter vivo e visível o propósito criado em conjunto e/ou compartilhado com o time
- Estabelecer rituais de comunicação, integração, diversão e reconhecimento
- Incluir novos aprendizados como parte dos resultados do time
- Conhecer as diferentes perspectivas da equipe

Quarta etapa: chegando ao destino

Os resultados

E aí chega o final do trimestre, do ano ou do projeto e é a hora de refletir sobre as lições aprendidas, o que funcionou bem, o que poderia melhorar, comemorar e, como em toda viagem, tirar muitas fotos juntos! Paixão por vencer está no DNA das equipes brilhantes.

Como comentei no começo deste capítulo, as organizações de alto desempenho são intencionalmente desenhadas para esse fim. Ou, dito de outra maneira, cada organização é desenhada para entregar os resultados que ela entrega. Como está sua equipe hoje?

Espero que esse texto tenha inspirado você a fazer parte de uma equipe incrível, memorável, deixando um legado na vida das pessoas que cruzarem o seu caminho!

> *O talento vence jogos, mas só o trabalho em equipe*
> *ganha campeonatos"*
> Michael Jordan

15

RH 4.0 DESCOMPLICADO

Estamos na era 4.0, onde as transformações ocorrem rapidamente e a tecnologia nos dá agilidade nos processos. O RH deve apropriar-se das vantagens que o mundo 4.0 proporciona e dar um salto para ser cada vez mais estratégico. Essa virada de chave não precisa ser complicada, ações simples podem transformar sua área de Gestão de Pessoas no modelo 4.0.

SÔNIA PADILHA

Sônia Padilha

Diretora da ABRH-SP - Regional Sorocaba; psicóloga; pós-graduada em Gestão de Pessoas pela Fundação Getulio Vargas; e em Neurociência pela Universidade Presbiteriana Mackenzie. Especialista em Gestão de Pessoas, disseminando conhecimentos há mais de 20 anos na implantação de processos de gestão com foco em resultados. Mentora para profissionais em transição de carreira. Palestrante com foco em desenvolvimento humano desde 2010. Desenvolveu o conceito Versão Beta e escreveu o livro *Ativando Sua #VersãoBeta*. Está à frente da construção do Projeto Match Cognitivo utilizando IA (Inteligência Artificial) para os processos de R&S (Recrutamento e Seleção) da área de Gestão de Pessoas no modelo 4.0. Idealizadora e CEO da GP Result – plataforma de implementação do RH 4.0 para pequenas e médias empresas.

Contatos
Instagram: @soniapadilharh
Facebook: @soniapadilharh
LinkedIn: @sonia-padilha
15 99113-3686

O RH 4.0 precisa estar na prática de todas as empresas e sua aplicação não precisa ser complicada. Sabemos que as grandes corporações já utilizam o conceito 4.0 em diferentes áreas, já que ele engloba princípios básicos que regem o momento em que estamos inseridos. Basta fazer uma breve retrospectiva na história dos modelos administrativos e industriais para entender o salto que demos desde a Primeira Revolução Industrial, a qual representou um grande avanço da humanidade – que até então era marcada pela produção agrícola, onde as relações de trabalho eram mais simplificadas e não havia a necessidade de uma gestão de pessoas propriamente dita.

Já na Segunda Revolução Industrial, marcada pela produção em grande escala, bem como a utilização indiscriminada da energia elétrica e da combustão, foi um período em que os bens de consumo ficaram mais acessíveis, porém nosso ecossistema foi extremamente afetado. Nesta época, a preocupação com o cumprimento de metas era o foco maior na administração das pessoas e as condições de trabalho e a qualidade de vida dos "empregados" quase nunca eram levadas em consideração.

A automação, a robótica, a Internet e eletrônicos caracterizaram a Terceira Revolução Industrial, assim como as novas fontes de energia: nuclear, eólica, solar e a engenharia genética e biotecnológica passaram a fazer parte das nossas vidas. Esta fase também influenciou muito o agronegócio, que foi diretamente impactado pela produção informatizada. Há também o olhar para uma possível redução das agressões contínuas aos ecossistemas, bem como a preocupação com a preservação e recuperação de biomas. Nesse panorama, a Gestão de Pessoas também passa a ser necessária, já que o trabalho braçal começa a diminuir em diversos setores e a mão de obra torna-se mais valorizada nos processos produtivos.

A Quarta Revolução Industrial é marcada pela Internet das coisas, a inteligência artificial e os sistemas cibernéticos, e podemos chamá-la de Revolução Cognitiva, na qual a capacidade de processamento do pensamento e das máquinas é o que faz o diferencial no resultado. É nesse cenário da Quarta Revolução Industrial que surge, em 2011, o termo 4.0, caraterizado por uma produção mais inteligente, ágil e que busca a precisão. A automatização cada vez maior dos processos produtivos impulsiona as pesquisas e investimentos em robótica, contando com a inteligência artificial como meios de acelerar a Indústria 4.0. O termo 4.0 passou a ser utilizado em diversos setores como em economia, marketing, qualidade, educação e recursos humanos que não podia ficar de fora e também entrou nessa onda com o RH 4.0.

A área de recursos humanos é caracterizada por dar suporte às necessidades dos negócios em geral. A Gestão de Pessoas vem como estratégia e cria condições para que o time de colaboradores possa desempenhar suas funções garantindo os resultados da organização.

Como foi essa inserção da área de Gestão de Pessoas neste modelo 4.0?

Antes de conceitualizar o RH 4.0, vale fazer um breve recorte da evolução desta área no Brasil:

As primeiras estruturas de RH eram conhecidas como DP - Departamento Pessoal, o foco era totalmente contábil e assim foi de 1890 a 1930. A preocupação era com o pagamento dos "empregados", assim como os encargos. Vem daí a expressão que o RH é área de despesas e que não dá lucro e, infelizmente, alguns ainda o consideram assim. Nas décadas de 30 e 40, o RH tem um novo foco: as questões legais, especialmente depois da Criação do Ministério do Trabalho por Getúlio Vargas, em 1934, onde o importante era cumprir as leis, e nas décadas seguintes, de 40 a 60, o RH atua mais como normativo.

Em 1943, é criada CLT - Consolidação das Leis Trabalhistas e a atuação nesse período consistia em garantir que as normas fossem cumpridas à risca. Foi neste período em que os sindicatos se multiplicaram e ganharam força nas reivindicações gerais na busca de melhores condições para os trabalhadores. Nas décadas de 60 a 90, a atuação do RH teve uma tendência humanista, no qual o papel do profissional dessa área passou a ser mais valorizado. Curiosidade: foi somente em 1965 que essa profissão foi regularizada. Neste período, em que houve uma maior escassez de mão de obra, valorizou-se os recursos humanos com investimentos em treinamentos e desenvolvimento, cargos específicos, salários relativamente melhores, além dos benefícios, cujo objetivo era garantir a permanência dos profissionais nas organizações.

Com o fim do século XX e a entrada no século XXI, de 1990 a 2016, vemos uma atuação mais estratégica da área de RH. Esse posicionamento foi impulsionado principalmente pela globalização, cuja intensificação faz

140 | Gestão do RH 4.0

com que os "Recursos Humanos" das empresas comecem, finalmente, a serem vistos como parte estratégica nos negócios. É neste panorama que gerentes e diretores de RH passam a fazer parte do *board* das empresas. Em 2016, o RH entra na onda do chamado *Agile* – o profissional dessa área passa a ser um facilitador e multiplicador, atuando com as diferentes áreas e lideranças com o objetivo de garantir o sucesso no âmbito da Gestão de Pessoas, o que fica bem caracterizado na figura do *Business Partner*. O RH precisou embarcar na tendência 4.0 no mesmo período em que as indústrias começaram a atuar nesse modelo, ficando evidente que a área de Gestão de Pessoas vai se adaptando às mudanças econômicas que regem os negócios – foi assim quando as leis precisavam ser cumpridas nas empresas e agora que a automatização e agilidade são as palavras de ordem, essa área da empresa busca seguir estar alinhada a esse conceito.

No entanto, toda essa linha do tempo traçada do desenvolvimento do RH no Brasil, infelizmente não alcança a maioria das empresas brasileiras, sendo restrito a menos de 25% das organizações.

Por quais razões o *RH 4.0* não está na maioria das empresas?

Há diferentes motivos, tais como:

1. *A ideia de que é um "custo" alto;*
2. *Foco ainda no RH modelo de leis e normativos;*
3. *Profissionais da área que não encontram abertura nas empresas para fazê-lo;*
4. *Falta de processos primários de Gestão de Pessoas nas empresas.*

Todos esses aspectos se entrelaçam, mas vamos explorar o quarto item, a falta de processos primários de Gestão de Pessoas nas empresas. Segundo dados do SEBRAE, 90% das empresas brasileiras são pequenas e médias, ou seja, são estas empresas que movem grande parte da nossa economia. Destas empresas, 80% não possuem processos de Gestão de Pessoas e, mesmo que elas quisessem, não estão preparadas para o modelo 4.0 que, em resumo, consiste em automatizar, agilizar e criar indicadores para as tomadas de decisões através de soluções digitais. Todos esses recursos precisam estar alinhados com o propósito e a estratégia da empresa. De nada adianta a melhor ferramenta tecnológica se essa não atender às necessidades da organização.

Como preparar as empresas para o modelo 4.0?

O primeiro passo é descomplicar. Inicie pelo básico, implemente os processos de Gestão de Pessoas, tendo como ponto de partida o Propósito que vai nortear todos os esforços na busca dos resultados.

Atuo há mais de 20 anos na implementação da área de Recursos Humanos em pequenas e médias empresas e é muito comum observar que há poucas iniciativas na Gestão de Pessoas. Na grande maioria, temos o DP – Departamento Pessoal no modelo regido pelas leis e normativos, exatamente com as características dos primórdios dessa área. Claro que as leis e as normas são essenciais para manutenção dos negócios, no entanto o que mais encontramos nestas empresas são as máximas: *"Manda quem pode! Obedece quem tem juízo!", "Estamos cumprindo a lei!"* e assim por diante.

Com esse panorama, é impossível fazer o salto para o *RH 4.0* sem antes estruturar a base dos processos de Gestão de Pessoas. Sempre tive foco em levar as empresas do ponto A ao ponto B, principalmente no preparo para entrar no modelo da *"Nova Economia"*, que, apesar de ser um termo dos anos 90, observo grande parte das pequenas e médias empresas brasileiras ainda atuando no modelo da *"Velha Economia"*, para o qual o lucro vem em primeiro lugar.

Para que as empresas possam participar do modelo da *Nova Economia*, onde o modelo 4.0 está inserido, é preciso uma mudança no *Mindset* dos empresários e a criação de uma cultura baseada em Propósitos. É por este caminho que proponho a revisitação da Gestão de Pessoas nas organizações. É a partir da definição do Propósito da organização que os processos de Gestão de Pessoas serão desenhados com significado e alinhados as estratégias da empresa.

O modelo que utilizo na preparação das empresas para o *RH 4.0* é o resultado de uma prática aplicada em dezenas de empresas, de muitas pesquisas e por uma imersão que fiz em 2019 nas grandes empresas do Vale do Silício, tais como Google, LinkedIn, HP e em outras tantas visitas aqui no Brasil: Mercado Livre, Oracle, Vivo Lab, Cabify. Nessa trajetória tive como objetivo entender como trazer práticas de sucesso que se ajustem às pequenas e médias empresas brasileiras. O modelo Google de gestão que tantos sonham ou o modelo tradicional do LinkedIn nem sempre são viáveis para nossas empresas, no entanto, em todas essas empresas e pesquisas realizadas, há um denominador comum: *Todas investem em pessoas!*

Isso faz parte do Propósito destas empresas, não só por uma questão de modismo, e sim porque elas têm a clareza que são as pessoas que irão fazê-las ter ou não sucesso. Os processos que são necessários antes de entrar para o modelo 4.0 são elementares e formam uma trilha que, se percorrida com foco no propósito, levam as empresas a um novo patamar, onde os conceitos da *Nova Economia* serão facilmente percebidos e aplicados em toda a organização. A trilha para o *RH 4.0* tem como objetivo principal garantir que as fases de um colaborador dentro da empresa sejam as mais assertivas. Divido a trajetória de um colaborador em quatro fases dentro da organização, que são:

- **Atração** – Atrair um talento para a empresa é o primeiro passo e o que levo para a prática dos processos de R&S – Recrutamento e Seleção é a necessidade de ir além da adequação técnica, da experiência, da disponibilidade do candidato, é o alinhamento dos propósitos da empresa com o futuro talento. É preciso sim analisar se o quanto o que a organização possui de visão de mundo, está em consonância com aquele que se pretende contratar. Esta preocupação deve estar em qualquer nível de contratação, das funções operacionais às mais estratégicas. De nada adianta contratar alguém com perfil Google se sua empresa tem um perfil mais tradicional.
- **Integração (*onboarding*)** – Integrar novos colaboradores é uma arte que precisa ser mais valorizada pelas empresas. Este é um momento riquíssimo que contribui para que a empresa alcance resultados mais rápidos com seu novo talento. Há inúmeras práticas e dinâmicas que podem ser aplicadas neste processo e o que mais importa é que seja apresentado tudo o que a empresa já fez até o momento do início deste novo integrante. *Tenha certeza, as pessoas apaixonam-se pelas histórias e pelo que está por vir!* É importante para quem chega sentir-se parte desta trajetória, parte desta história e do propósito que move o negócio. Um ambiente adequado contribui, mas o amor pela empresa virá pela conexão com o que ela representa e qual o papel caberá a cada um na continuidade desta jornada. De nada adianta um processo seletivo assertivo se o novo colaborador não entrar jogando, já sabendo as regras do jogo e qual campeonato estão disputando. Investir na *Integração* acelera resultados!
- **Engajamento** – Ter um time engajado é um desafio e tanto. Através da neurociência temos as respostas das razões pelas quais manter pessoas engajadas exige esforços e diferentes estratégias, pois nosso cérebro

tende a economizar energia e, quando nos sentimos confortáveis em uma certa situação, o natural é procurarmos manter o status quo, assim poupamos energia. Consequentemente, como estratégia para o engajamento dos colaboradores, sugiro ações bem definidas como Pesquisas de Clima, Avaliações de Desempenho e Planos de Desenvolvimento. Todos estes programas devem estar alinhados diretamente a um Propósito bem definido da organização e não adianta investir em uma solução de Avaliação de Desempenho no modelo 4.0 se os outros processos não estão bem estruturados e em consonância com as estratégias da empresa. Vale mais uma solução simples que atenda as reais necessidades do que um processo desconectado do propósito.

• **Desligamento** (*offboarding*) – Quando passamos por qualquer experiência, sempre queremos ter boas lembranças do que nos aconteceu. Com o desligamento de uma empresa é importante que se tenha as melhores impressões do que vivenciamos. Não se pode negligenciar essa fase do colaborador na organização, que deve ocorrer com respeito e positividade. Isso contribui para que se construa a marca empregadora de que tanto se fala no mundo do trabalho. Este é o momento do fechamento de um ciclo, mas que impulsiona a trilha de Gestão da sua empresa que começa novamente no R&S - Recrutamento e Seleção de novos talentos.

Os processos de Gestão que sustentam a *Atração*, a *Integração*, o *Engajamento* e o *Desligamento* precisam estar bem estruturados e pautados num *Propósito* bem definido e são a chave do sucesso e o passaporte para ingressar no *RH 4.0*.

Você e sua empresa podem conquistar esse passaporte através da GP Result – Plataforma de Implementação do *RH 4.0!*